律师实务与职业伦理

LÜSHI SHIWU YU ZHIYE LUNLI

主　编　任继鸿

副主编　陈英慧　刘　宇

　　　　于　潇　侯德斌

中国政法大学出版社

2014·北京

图书在版编目（ＣＩＰ）数据

律师实务与职业伦理 / 任继鸿主编.—北京：中国政法大学出版社，
2014.5
　ISBN 978-7-5620-5337-8

　Ⅰ．①律…　Ⅱ．①任…　Ⅲ．①律师业务－中国②律师－职业道德－中
国　Ⅳ．①D926.5

中国版本图书馆CIP数据核字(2014)第079881号

出　版　者　中国政法大学出版社
地　　　址　北京市海淀区西土城路 25 号
邮寄地址　北京 100088 信箱 8034 分箱　邮编 100088
网　　　址　http://www.cuplpress.com（网络实名：中国政法大学出版社）
电　　　话　010-58908285（总编室）58908334（邮购部）
承　　　印　北京九州迅驰传媒文化有限公司
开　　　本　880mm×1230mm　1/32
印　　　张　7.25
字　　　数　170 千字
版　　　次　2014 年 5 月第 1 版
印　　　次　2020 年 7 月第 2 次印刷
定　　　价　28.00 元

目　录

第一章

律师制度的由来

第一节　西方律师制度的缘起

一、西方律师制度的初步发展

古罗马是世界上最早具有律师制度的国家。在罗马共和国时期（约公元前6世纪～公元1世纪），立法中并没有明文规定实行诉讼代理制度，实践中也没有以律师作为职业的人，但是此时"律师"这个概念已经出现在拉丁文中，法庭上也允许被告人的亲戚或朋友出庭为其提供具体意见和法律上的帮助。这种行为并非所有人都能去做，只有少数有身份的公民才能以保护人的身份出现，这种特权服务是带有阶级烙印的。所以在此基础上产生的律师制度也是具有阶级性的。"等级制度"、"为权贵服务"成了此阶段律师的基本内容。到了公元前3世纪，罗马共和国元首以诏令形式承认了诉讼代理，同时规定通过考试择优录用"能为平民提供法律服务"的"辩护人"，平民亦可比较自由地有偿聘用诉讼代理人，于是律师制度有了法律保障，律师和被代理人的关系也开始形成。罗马帝国初期，律师阶层

1

正式形成，能够担任代理和辩护的律师范围也逐渐扩大，根据罗马法规定：凡自身权利和能力没有受到法律限制的本国公民都可出庭为当事人辩护；每个公民都有权请求律师给予法律帮助。随着罗马城邦奴隶制经济的迅速发展，现实生活中财产关系愈加复杂，相应的经济立法也逐渐增多，奴隶主不可能通晓所有法律，但为了在纠纷中取得胜利，为了维护自身利益，他们不得不求助于律师，在这种情况下，大批职业律师应运而生，并在社会生活中发挥出巨大作用，于是律师制度进一步巩固，律师职业也进一步发展，但始终没有摆脱为特权阶层服务的特点。到了罗马帝国后期，统治者再次拓展了律师业务范围：律师不仅可以从事民事、刑事诉讼代理辩护，还可以接受法律咨询。但同时担任律师的条件也更加严格了。

二、西方律师制度的停滞发展

任何事物都是"波浪式前进，螺旋式上升"的，西方律师制度的发展也不例外，经历了一个良好开端的西方律师制度本应沿着这个方向得到进一步发展，但是，随着欧洲进入漫长的封建社会，由于君权和神权结合而生的专制制度的存在，基督教神学统治了人们的思想，西方律师制度不但没有进一步发展，反而受到了封建制度的摧残和破坏。欧洲各国的法律制度继承了奴隶社会原有的"神明裁判"，采用由法官单方审讯当事人的"纠问式"审判方式。这个时期，律师制度虽然没有被彻底取消，但所起作用也较轻微，基本上名存实亡。在各个国家，由于封建等级严格，宗教势力极大，在诉讼中，僧侣、封建主和农奴的地位是不平等的。律师制度仅仅在宗教法院中实行，世俗法院中僧侣独占辩护权，这种情况下律师制度畸形发展，深受君权和神权的影响，其自身也充满了腐朽与落后的东西，成为维护封建专制的工具。到了封建社会的末期，资本主义制度有所发展，旧的律师制度开始受到冲击，在思想领域，一种崭新的潮流开始涌现并显示出无穷的生命力，这种潮流渗入各个领域，律师制度也开始以一种崭新的面目重新出现。

三、西方律师制度的迅速发展

欧洲的文艺复兴运动，大大推动了西方各国律师制度的快速发展。16世纪，西方各国都以罗马帝国后期的法律制度为基础进行律师制度革新，在各个大学中设立法律专业，培养代理人和辩护律师。于是，西方稳定的律师职业集团逐步形成，资本主义社会的律师职业也随之产生，这种职业是资本主义上层建筑的组成部分，在其自身发展过程中也促进了资本主义的经济有序、健康发展。

英国是世界上最早爆发资产阶级革命的国家，它的律师制度的产生早于其他国家。"诉讼代理"这种制度在诺曼底人征服英格兰之后就被英格兰人接受了。虽然当时一些律师只有在教会法院和海事法院里才被承认，但这毕竟是人类文明史上的一大进步。14世纪以后律师称号取得、能否出庭都要经过立法机关核准。这时，辩护律师和代理人尚可由一人担任，但19世纪以后辩护律师与代理人之间就有了严格的区分。斯图亚特王朝颁布的《人权保护法》明文规定了诉讼中的辩论原则，从法律上承认被告人有请人代为辩护的权利，这样不仅促进了英国律师集团的发展和壮大，也为律师职业产生提供了法律依据。

法国的一些著名思想家在资产阶级革命时期，公开反对封建社会的"纠问式"、"有罪推定"等腐朽落后的审判方式，提出"法律无明文规定不为罪"、"罪刑相符合"、"民主辩论"等进步的法制原则和主张。这为法国资本主义律师制度的产生做好了理论准备。1791年法国宪法规定被告人从预审开始就有权接受辩护人帮助；1793年雅各宾派颁布的宪法也明文规定国家应有"公设辩护人"；1808年的《拿破仑刑事诉讼法典》，正式确立了辩护权、辩论原则及律师制度。这样法国具有资产阶级性质的律师集团开始产生，律师职业也掀开了新的一页，进入人们的日常生活。

美国从其诞生之日起，就非常注重法制的建设，它把社会生活的方方面面均纳入法制的轨道，因此各行各业要想得到发展必须以法律为基础，于是大批资产阶级律师得以产生。1878年5月4日，美国律师协会的正式成立，标志着律师组织集团的壮大，也使美国律师开始了有秩序的行业管理。1882年新泽西州标准石油公司雇佣律师并设立律师事务所，这是历史上的第一家律师事务所。从此，工厂、矿山、银行、商业等企业事业为维护自身权益都纷纷效仿，美国如今已形成世界上最为庞大的律师职业集团，且律师的分工细密也是其他国家无可比拟的。

第二节　旧中国律师制度沿革

封建制度下的中国，政治上实行中央集权统治，经济上自给自足的自然经济占据主导地位，诉讼实行的是纠问式诉讼模式，在"诸法合一"、以刑为主、严刑峻法的时代背景下，当事人是被刑讯、拷打的对象，根本无诉讼权利可言，更谈不上委托他人代为行使权利，尤其是封建统治阶级极力反对和排斥维护和保障人权，人们通过土地和封建统治阶级形成了依附关系，人们渴望"包青天"式的"明君"治国，反对法律的约束。由于缺乏律师制度产生的基础，虽然存在一些类似现代代理和辩护现象，却始终没有产生现代意义的律师及律师制度，直至清末才从西方引进了律师制度。

一、中国古代律师鸟瞰

我国古代的诉讼代理现象，就代理目的及代理人的身份而言都与现代的代理制度大相径庭，诉讼代理要么是为维护贵族特权而设立，要么是为了方便老弱病残者进行诉讼，都不具有普遍意义，而且诉讼代理人局限于诉讼当事人的亲属或子弟。此外，春秋战国时期郑国大夫邓析的助讼活动也被现代学者认为"颇有点古代律师的味道"，"但由于邓析的法律思想及助人诉讼、传播诉讼法律知识的活动，危害了奴隶主贵族的统治，其思想及活动受到禁锢，最后惨遭奴隶主贵族的杀害。"我国古代对于起诉的方式、控告的受理等都有明确的法律规定，但是广大百姓由于受文化教育程度、社会环境等因素的限制，对有关"打官司"的知识知之甚少，甚至一无所知，一旦涉讼，不得不求助于他人，于是社会上出现了代人写状子、教唆诉讼的讼师。明、清两代代写诉状的讼师已成为普遍存在的一种社会现象，甚至在社会中还出现了传授"代写词状"要领的专著。古代讼师除为他人写诉状外，还兼做其他文字抄写工作以维持生计。由于他们的活动没有法律依据，也没有法律来规范和约束，不少讼师敲诈勒索、坑骗当事人，深为老百姓痛恶，俗称"诉棍"。早在《唐律》中对"代作词状"的活动就有明确的限制性规定。直至清末，千百年来讼师始终没有合法地位。

二、清末从西方引进律师制度

1840 年鸦片战争后，外国侵略者凭借不平等条约攫取了领事裁判权，设立了会审公廨，外国律师也开始在中国出现，近代史上著名的"苏报案"，在辩护律师的参与下，使清廷引渡章炳麟、邹容的企图未能得逞。外国律师先是在"租界"的法庭执行业务，后来也在中国法院担任辩护人或代理人，他们不仅担任外国当事人的代理人，有些中国人在与外国人发生诉讼时，也寄希望于洋律师的帮助，请他们作为代理人。清末修订法律大臣沈家本目睹此种情形，上书光绪皇帝指出：华人讼案借助外人辩护，"已觉扞格不通"，如果遇到吾民与外国人打官司的"交涉事件"，请外国律师为自己"申诉"，外国律师绝没有帮助华人打官司而限制其本国人的，如此下去"后患何堪设想"。因此，他提出建立中国律师制度的设想。1910年完成起草的《大清刑事民事诉讼法》规定了律师制度，包括律师资格、申请手续、照章宣誓、律师的职责、律师的惩罚、关于聘请外国律师出庭办案原则规定等，但是这一法律草案并未得到批准颁行，就因清政府被推翻即告作废。然而，光绪三十二年（1906年），修律大臣沈家本等人编定的《大清刑事民事诉讼法（草案）》，其中完全吸收了西方律师制度的成功经验，对律师的资格、申请手续、宣誓程序、原被告律师的责任等都作出了相应规定。沈家本在奏请朝廷试行该法案时，曾在其奏文中提到要想变法图强，需采用发达国家的律师制度，培养律师人才，然后加以考试，给予文凭使其执业，可以防止"贿纵曲庇，任情判断"，做到"裁判悉秉公理，轻重胥协舆评"，是"挽回法权最重要之端"。奏文中还写道，当事人在"公庭惶悚之下，言辞每多失措"如能由律师代理诉讼事宜，就能杜绝案件的"枉纵深故"。然而各省督抚却表示该法不符合中国现实，不便执行，致使该法被搁置，律师制度也未能形成。

三、中华民国的律师制度回顾

（一）南京临时政府时期的律师制度

南京临时政府成立以后，伍廷芳被任命为司法总长。伍廷芳一方面主张仿效西方，全面建立新的法律体系，包括建立律师制度。另一方面，利用司法总长的身份，在具体的审判活动中率先推动律师辩护制度的实施。1912年初，在有关律师立法尚未出台、民国律师制度尚未正式建立的情况下，伍廷芳就坚持改变传统的审判方式，仿效西方国家，实行审判方法改革，包括司法独立、陪审制，要求允许律师到庭辩护。这一时期，苏杭地区率先建立了辩护士会，接着上海地区也组织起中华民国律师总工会。苏沪地区的律师、律师组织纷纷到都督府领凭注册，出庭办案。南京临时政府各部门，也都纷纷行动，从官制、立法、舆论等方面为律师制度的正式确立创造条件。

南京临时政府成立后，设立司法部为中央政府九部之一，其职责包括对于律师业务的管理。《司法部官职令（草案）》第2条规定："司法部承政厅除《各部官职令通则》所定外，并掌事务如下：……关于律师之身份事项。"临时政府迁往北京后，1912年6月17日，参议院审议通过《司法部官制》，对原南京临时政府所拟《司法部官职令（草案）》做修改，但管理律师业务的职掌仍被保留。原承政厅改为总务厅，《司法部官制》第5条规定，总务厅"除《各部官制通则》所定外，掌事务如关于律师事项"[1]。另外，1912年5月13日，司法总长王宠惠在参议院第五次会议中提出司法院致力解决五大问题，其中就包括律师辩护制度。王宠惠具体说明："近今学说以辩护士为司

---

〔1〕　罗志渊：《近代中国法制演变研究》，台湾正中书局1976年版，第403～413页。

法上三联之一，既可以牵制法官而不至意为出入，且可代人之诉讼剖白是非，其用意深且远也。且以中国现状而论，国体已变为共和，从事法律之人当日益众。若尽使之为法官，势必有所不能。故亟宜励行此制，庶人民权利有所保障，而法政人才有所展布。此关于辩护制度之所以亟宜创设者也。"[1]

（二）北洋政府时期的律师制度

北洋政府颁布了大量与律师制度有关的法规：《律师暂行章程》、《律师登录暂行章程》、《律师惩戒暂行规则》和《律师甄别章程》。1912年公布实行的《律师暂行章程》标志着中国律师制度的开始。民国初年继续清末关于建立律师制度的思路，《律师暂行章程》正是这一思路的产物。《律师暂行章程》的公布、实施，表明中国律师制度的最终确立，以欧洲大陆国家和日本律师制度为蓝本，形成与大陆法系相适应的基本风格。其后民国律师制度的发展、演变，仍然保持了在《律师暂行章程》中既已形成的基本风格。

（三）国民党时期的律师制度

国民党南京政府建立后，颁布新的法规。在律师制度方面，以《律师章程》取代北洋政府时期的《律师暂行章程》，还颁布了《律师法》、《律师法施行细则》、《律师检查办法》、《律师惩戒规则》等。1929年5月，在上海律师公会倡议下，经南京国民政府司法行政部核准，在南京召开了"中华民国律师协会"成立大会，产生了中国第一个全国性的律师组织。沈钧儒、史良、施洋等人是旧中国较有影响力的律师。施洋1923年2月15日在武昌洪山就义，时年34岁。新中国成立后武汉市人民政府于武昌洪山为其建立烈士陵墓及纪念碑，墓前立其塑像。沈钧

---

[1] 丁贤俊编：《伍廷芳集》，中华书局2002年版，第506页。

儒是新中国首任最高人民法院院长。史良在新中国成立后历任司法部长、第五、六届人大常委会副委员长、全国政协副主席、民盟中央主席、中华全国妇联副主席等职。1911 年 10 月，辛亥革命后成立南京临时政府，临时大总统孙中山曾命令法制局审核复呈《律师法（草案）》。1912 年，北洋政府颁了《律师暂行章程》，共 38 条，对律师制度作了具体规定。这是我国第一部律师法，标志着我国律师制度的建立。自 1917 年以后，该章程曾多次修改，1927 年国民党政府沿袭北洋政府的律师制度，公布《律师章程》废除了《律师暂行章程》，1935 年开始起草《律师法》，该法于 1936 年正式公布实行。同年，国民党政府颁布了《律师登录规定》和《律师惩戒规定》，1945 年又颁布《律师检核办法》等，律师制度逐渐规范化。

第三节　新中国律师制度概览

新中国成立以后，在废除国民党政府的伪法统的基础上，律师制度也开始逐渐建立。

一、律师制度的初步确立

1950 年 7 月，政务院公布实施的《人民法庭组织通则》中规定："县（市）人民法庭及其分庭审判案件时，应当保障被告人有权辩护及请人辩护的权利。"同年 12 月，中央人民政府补发了《关于取缔黑律师及讼棍事件的通报》，旨在摧毁旧的律师制度及取缔讼棍的非法活动。1957 年 7 月司法部在《关于试验法院组织制度中几个问题的通知》中指定北京、上海、天津等地试办律师工作，1954 年 9 月颁布的《宪法》规定："被告人有权获得辩护"，《法院组织法》也规定："被告人除自己行使辩护权外，还可以委托律师为他辩护，可以由人民团体介绍的或经人民法院许可的公民为他辩护，可以由被告人的近亲属、监护人为他辩护"。1956 年国务院正式批准了司法部《关于建立律师工作的请示报告》，开始广泛推行律师制度。但是在这个时期，律师的主要业务是刑事辩护，接受当事人及其家属的委托，在审判阶段参与刑事案件的庭审活动，作用主要限于担任辩护人，维护被告人的合法权利。律师在维护法律的实施及权利保障方面，发挥了一定的积极作用。

二、律师制度的曲折历程

1957 年反右斗争的扩大使新中国第一代律师蒙受了深重的灾难。大多数律师仅仅因为曾担任被告人的辩护人而以"丧失阶级立场"、"为坏人说话"为由而被错划为右派。律师制度也受到冲击，广大律师蒙受不白之冤，从这个时候开始，新中国的律师制度实际上已名存实亡。至文化大革命时期，随着公、检、法等司法机关被彻底砸烂，律师制度更是荡然无存。

粉碎"四人帮"以后，特别是从党的十一届三中全会以后，中国民主法制开始真正进入一个创建和发展时期。1979 年《刑法》、《刑事诉讼法》等七个重要法律相继问世，为我国律师制度的重建提供了法律根据。其中《刑事诉讼法》对辩护列出专章规定，肯定了律师在刑事诉讼中的基本作用，从而恢复了为被告人辩护的辩护人制度和律师制度。1980 年邓小平同志明确提出要发展律师队伍，对促进律师事业的发展起到了重要作用。同年 8 月 26 日全国人大常委会第五届第 15 次会议讨论通过并颁布了《律师暂行条例》。这是新中国的第一部关于律师制度的立法，该条例共分 4 章 21 条，其中对律师的任务、权利、资格、工作机构等作出了详尽的规定，并为规范我国律师的迅速发展起到了重要作用，标志着我国律师制度建设进入了一个崭新的阶段。嗣后最高人民法院、最高人民检察院、公安部、司法部分别于 1981 年 4 月 27 日和 1986 年 6 月 26 日先后联合发出了《关于律师参加诉讼的几项具体规定的联合通知》及《关于律师参加诉讼的几项补充规定》，为《律师法》的出台和颁布实施奠定了基础。

三、律师制度的发展完善

为了进一步健全律师制度，1996 年 5 月 15 日第八届全国人民代表大会常务委员会第 19 次会议通过并颁布了《中华人民共和国律师法》。《律师法》全文 8 章 53 条，分别规定了我国律师制度的性质、任务、职责、律师的执业条件、律师事务所的设立及其他；执业律师的业务范围和权利、义务；律师协会、法律援助、法律责任以及附则等。这标志着我国律师制度又进入了一个新的阶段。随着《律师法》的实施，司法部相继制定了律师管理工作的若干规章，全国律协修订了《律师职业道德和执业纪律规范》等规范。各省、市司法行政部门以及律师协会结合实际，也陆续制定或修订了相应的具体管理办法。律师队伍从重建初期的 200 余人已发展到现在的 100 万余人，不仅数量上升，素质也有所提高，并充实了一批"四懂"（懂法律、懂外语、懂经济、懂科技）的高层次法律人才。律师业务范围进一步拓展，广大律师在国家政治生活、经济生活、社会生活和民主法治建设中发挥了重要作用，赢得了社会各方面的理解和支持。但是应当看到的是，我国律师制度立法及律师队伍现状仍存在不少不足，有待进一步规范完善。

第二章

我国律师的属性及素养

在近现代，律师发展成为一种高度专业化的职业，并由一个从业群体演进为一个社会阶层。律师作为一种职业，具有与其他社会职业不同的特性。而律师制度从属于一国的上层建筑，是为该国的经济基础服务的，是上层建筑的重要组成部分。

第一节　我国律师的性质

我国是社会主义国家，我国的律师制度是我国社会主义法律制度的重要组成部分。我国律师的执业活动必须以我国社会主义法律为依据，通过维护社会主义法律秩序为社会主义制度服务。这是就我国律师的阶级属性而言的。

一、我国律师的职业属性

从职业属性角度对我国律师性质的认识，是与我国法制建设尤其是律师制度建设的进程密切联系的。1980年8月26日，第五届全国人大常委会第15次会议通过并颁布了《律师暂行条例》，第1条规定："律师是国家的法律工作者。"一般认为，关于律师是国家法律工作者的定性，在当时的状况下，对律师制度的恢复和发展起到了作用。当时，我国律师制度刚刚恢复，律师队伍正在重建，人们对律师制度还缺乏正确的认识，对从事律师工作仍心有余悸。为了吸引具有较高素质的人到律师队伍中来，同时为了解除律师的后顾之忧，立法将律师的性质界定为"国家法律工作者"，赋予了律师与公安司法人员同等的社会政治地位，这无疑有利于律师队伍的重建，有利于律师工作的顺利开展。《律师暂行条例》关于律师是国家法律工作者的定性，确实起到了顺利恢复律师制度的作用，但随着我国政治、经济体制改革的深入进行，律师管理体制以及组织形式也在不断发生变化，对律师的"国家法律工作者"的定性已逐渐失去了制度基础以及现实合理性。从 1986 年起，我国开始试办合作制律师事务所，以后又出现了合伙律师事务所和私营律师事务所。而国家出资设立的律师事务所也逐渐摆脱了行政机构的管理模式实行依法自主开展业务的模式。加之律师业务的服务性、有偿性等重要特征，国家法律工作者的定性已无法准确反映律师的职业特点。

二、律师性质的学界争论

20 世纪 80 年代后期，法学界围绕律师性质问题的争论已相当激烈，出现了多种观点，主要有三种：

1. 律师应定性为"国家法律工作者"。持这一观点者认为，我国是社会主义国家，法官、检察官、律师都是国家的法律工作者，都为我国社会主义制度服务，它们之间的区别只是分工不同而已。这种观点强调了律师的阶级属性，未能进一步揭示律师职业之于法官、检察官职业的特殊性，尤其是未能认识到律师业在我国的发展前景。因此，这种观点抹杀了律师职业的特点，不利于律师职业的发展，亦会对律师在我国法治建设中发挥应有作用产生消极的影响。

2. 律师是"社会法律工作者"。持这一观点者认为，律师作为社会法律工作者，是由律师工作的社会性所决定的。这种社会性首先表现为律师执业活动的非公务性。律师作为法律工作者，其接受当事人的委托提供法律服务的执业活动就是为了维护"私权"，这与法官、检察官行使"公权"截然不同。从这一意义上讲，社会法律工作者的定性比国家法律工作者的定性更准确地揭示了律师的特性。其次表现为律师服务对象的广泛性。律师可以为政府、企业事业单位以及公民个人提供法律服务，律师执业亦不受地域和行业的限制。律师活动涉及社会生活的方方面面，各行各业。律师作为"社会法律工作者"的另一层含义指律师提供法律服务是有偿的。"社会法律工作者"的提法虽然无法完全将律师与其他社会法律工作者区别开来，但毕竟揭示了律师之于法官、检察官的特殊性。因此比"国家法律工作者"的提法更科学。

3. 律师是为当事人提供法律服务的执业人员。从律师执业活动的方式来看，律师接受当事人的委托，担任辩护人、代理人和法律顾问以及承办其他各类法律事务，都属个人劳动，律师在一般情况下既可以接受，也可以拒绝接受，具有自由选择的特点，律师接受委托后，以什么样的方式维护委托人的利益，也完全由律师决定。而且律师收费亦是由其服务的质量决定的，这与西方国家律师的自由职业性质并无根本区别。

三、律师性质的法律界定

在上述各种观点争论不休时，《律师法》于1996年5月15日经第八届全国人大常委会第十九次会议通过。该法第2条规定："本法所称的律师，是指依法取得律师执业证书，为社会提供法律服务的执业人员。"该法一经颁布，关于律师性质的争论似乎停止了。人们一致认为《律师法》第 2 条的内容是对我国律师的定性，并认为这一定性准确、科学、全面。如有学者认为，《律师法》关于律师的定性与《律师暂行条例》的规定相比较更具科学性、完整性。首先，它高度概括了作为律师的必备条件，即律师必须是依照《律师法》的规定取得律师执业证书的人员。其次，它准确地体现了律师向社会提供法律服务的职业特点，从而使律师区别于国家工作人员。再次，执业人员的界定表明律师必须依法取得执业证书，才能执行业务活动。这表明我国律师亦不同于自由职业者。最后，由于律师不再是国家法律工作者，可以不占国家编制，不需国家核拨经费，因此律师队伍就可以根据社会需要和现实可能性，尽快发展起来。

1996 年《律师法》第 2 条与其说是对律师的定性，不如说是对律师职业特点的描述，因为它在描述律师职业外在特征的同时，对律师的本质属性也即根本性的东西并未挖掘出来。《律师法》对律师的定义比《律师暂行条例》对律师的定性更具科学性与完整性的说法在某种意义上讲是正确的，但把《律师法》对律师的定义等同于对律师的定性的观点，值得商榷。《律师法》关于律师是"依法取得律师执业证书，为社会提供法律服务的执业人员"的定义，仅表达了实行律师执业资格准入制度与律师工作的内容两方面的含义，并未揭示出律师之于法官、检察官这些官方法律职业人员的独立性以及律师不同于这些官方法律职业人员不同的执业方式，而后者才是具有根本意义的。事实上，各国均实行律师执业资格准入制度，不取得律师执业资格即不能以律师身份执行业务，这已成为国际通例。而"为社会提供法律服务"则是各国建立律师制度的直接目的，也是律师职业出现的动因。由此可见，我国《律师法》对律师所作的定义反映了律师职业的外在特征，有利于明确律师的范围，防止"非律师"以律师名义从事律师业务，并对大众分清《律师法》意义上的律师与仅具有律师资格等人员有明示作用。但我们对律师性质的认识不能停留在《律师法》的这一定义上。

四、律师职业的特殊属性

律师的职业性质与法官、检察官等官方法律职业相比的特殊性，表现在以下几个方面：

1. 业务委托性。律师的执业活动具有业务性，律师执行业务基于当事人的委托，当事人与律师之间是委托与被委托的关系，而且律师执行业务的种类与范围亦由当事人根据需要确定。而法官行使国家审判权与检察官行使检察权是行使国家权力的活动，是职务活动。律师的执业活动不具有行使权力的性质，这是律师职业与法官、检察官等官方法律职业的根本区别。

2. 服务有偿性。律师职业产生的根源在于社会组织与公民个人对法律帮助的需求。律师业务的开展就是为了向社会提供法律服务。律师与其委托人之间是契约关系，双方法律地位平等。这一契约的一项重要内容是律师为委托人提供需要的法律服务，而另一项重要内容则是委托人向律师支付报酬，也即律师提供法律服务的活动是有偿的。而法官、检察官的职务活动基于法定职责及特定法律事实的发生而展开，并非基于当事人的委托，他们的活动是行使权力，同时也是履行职责，他们和当事人并不平等，他们的活动不具有服务性，也不具有有偿性。

3. 执业自主性。律师不仅独立于法官、检察官，而且独立于当事人。律师执业属个人劳动，不受当事人意志的约束，也不受律师协会等律师组织的指导，而是由律师本人自主决定办理委托事项的方式方法。此外，我国律师的执业活动亦不受地域和行业的限制。法官与检察官的独立性与自主性相对较弱，它们的活动是在代表国家行使一定的权力，不属个人劳动。

4. 行为自律性。律师职业管理具有自律性，主要是通过组成律师协会实行自治。世界各国关于律师管理的体制不尽相同。有些国家实行完全的律师自治，如法国、日本等。在法国，律师团体称律师会，执业律师必须参加一个律师会。日本律师联合会是其全国性律师组织，以执行有关律师及律师会的指导、联系与监督事务为目的。它一方面的工作即是审查律师资格、监督律师行为、惩戒违法律师、指导律师会的工作。律师会是日本律师的地方性组织，其使命与日本律师联合会相同。还有些国家实行以行业管理为主的体制。如在美国，律师管理以律师协会为主，法院参与管理。我国的律师管理体制经历了一个曲折的发展历程。20世纪50年代我国律师制度初建时，律师及律师工作受司法行政机关统一领导和管理。十一届三中全会后律师制度重建时，恢复了由司法行政机关单一管理的律师管理体制。1993年12月26日，国务院以批复形式批准了司法部《关于深化律师工作改革的方案》，该方案要求建立司法行政机关的行政管理与律师协会的行业管理相结合的管理体制。1996年5月15日通过的《律师法》则明确规定，国务院司法行政机关监督、指导全国律师工作，律师协会是律师的自律性行业管理组织，从而以立法的形式确立了司法行政机关宏观管理、律师协会具体微观管理的体制。

五、我国律师的职业定位

我国对于律师的定位大致经历了三个阶段，即"国家法律工作人员"、"为社会服务的职业人员"、"为当事人提供服务"，这三个表述的不一样，路径的发展是国家本位——社会本位——当事人本位，也就是律师就是为当事人提供服务的，当然，《律师法》的修改也讲到了它的三个职责。认识律师的职业属性，应抓住最本质的东西。将我国律师定性为社会自由职业者，即抓住了律师职业属性中最本质的东西。这一性质是律师与法官、检察官等官方法律从业人员之间最根本的区别。以法律确认律师社会自由职业者的性质，赋予并保障其广泛的诉讼权利及其他权利，确保其自由执业，对我国律师业健康发展以及律师在社会生活中、在我国法治建设中充分发挥其积极作用具有重要意义。可以想象，律师自由执业完全实现之时，也就是我国法治建成之日。

当然，把律师定位为社会自由职业者，并非指律师可以为所欲为，即所谓"完全的自由"，这是不言而喻的。事实上律师的"自由"是以严格的执业资格准入制度为前提，以《律师法》以及律师职业道德与纪律规范为保障的相对的自由，是法律授权范围内的自由。这种自由旨在强调律师执业不受官方非法干预以及执业形式、方法的自由。这种自由是律师职业区别于官方法律职业的本质特征，是律师职业的灵魂，也是律师切实有效地维护当事人合法权益、实现其直接目的的前提。

把律师定位为社会自由职业者，并不会造成消极后果。正如著名刑法学者陈兴良教授所提出的："由于律师必须依法履行职责，因而它所具有的相对独立性不仅不会成为社会的离心因素，恰恰相反，通过律师的业务活动，求得社会公正，更有助于社会的整合。""社会自由职业者"这一定性虽不能将律师同其他社会自由职业者区别开来，但律师作为社会自由职业者，无疑是建立在律师职业作为法律职业这一前提基础之上的。

第二节　我国律师的素养

律师是为当事人服务，凭借法律武器来维护社会正义，对社会负有特殊责任的一个职业。从律师职业的本质特征来看，律师进行职业活动具有高度的自主性，即律师的职业活动与法官、检察官等司法人员不同，他不是履行国家的职权，而是在委托人的委托和授权下，依据法律和事实为当事人提供法律上的帮助；律师为当事人提供法律服务是依法执行职务，并不依附于任何机关和个人，甚至也要独立于当事人。律师职业的高度自主性以及律师在维护法律正确实施和保障公民基本人权方面所担负的重要责任，要求律师必须具有良好的政治素质和高尚的道德品质，能够认真诚实地对待自己的职务，采取与自己的职业地位相称的自律行为。

律师政治素质和道德修养的高低直接影响着他办案的质量及其在当事人心目中的形象。我国律师的社会主义性质决定了律师应服务于社会主义事业和人民利益。律师服务于社会主义事业，这就要求律师的政治素质必须过硬。只有拥有良好的政治作风，律师才能真正地把自己的工作提到一个高度，将其与我国的社会主义现代化事业紧密联系在一起，以树立崇高的理想，并以此为动力努力奋斗。律师服务于人民的利益，则着重体现了道德修养的重要性。律师服务的本质特征和各项业务活动的核心问题是维护当事人的合法权益。这就要求律师在执业活动中，必须尽职尽责、全心全意地为当事人服务，要想做到这一点，就必须具有高尚的道德品质和优秀的思想素质。只有品德高尚、认真负责，具有强烈的正义感和责任心的律师才能更好地服务于人民的利益，从而获得人民的承认和信任。因此律师的政治素质和道德修养在律师执业中甚为关键，它直接关系到律师工作的成败及整个律师队伍的形象，是社会主义精神文明在律师职业中的具体体现。

一、我国律师的政治素质

律师的政治素质是促进律师不断进取、努力开拓，积极迎接挑战的动力和基础所在。

1. 坚定的政治信仰。坚决拥护党的领导，坚决贯彻执行党的路线、方针、政策和依法治国的基本方略，坚持正确的政治方向，这是我国律师职业的基本要求。我们国家的各项事业都是由中国共产党领导，在党的路线、方针、政策指导下有条不紊地开展的。法制工作更是离不开党的领导，因为这关系到国家的稳定和人民的团结，只有通过法制建设，才能有效地维护改革开放的顺利进行，保障社会主义事业取得成功。律师工作作为法律工作的一个重要组成部分，对于我国建设社会主义法治国家目标的实现有着举足轻重的作用。律师的工作相对独立、分散，如果没有党的领导，没有党的路线、方针、政策的指引，难免会偏离方向。因此对于律师工作者来说，拥护党、积极贯彻党的路线、方针、政策是首先应具备的，也是必须要做好的。它可以说是律师诸多政治素质中的核心所在。

2. 要牢固树立大局意识。自觉服务和维护大局，维护社会的和谐稳定。这里所称的"大局意识"，就是指我们国家的社会主义事业以及全国人民的根本利益。从表面上看，我们每一名律师所面对的是一个独立的、相对较小的案件，服务对象也仅仅限于几个或相对较少的当事人，可能牵涉到的利益关系也局限在一个较小的范围，但是如果从宏观上来看，也就是把我们所有的律师工作合成一个整体来通览，就会发现这的确是一个庞大的、对整个社会有着举足轻重作用的事业。律师的工作可以说是渗透到社会的每一个领域，与每一个人的生活工作息息相关，它影响着社会生活的方方面面，维系着国家的安定团结，甚至在一定程度上决定着国家的命运。这就要求每一位律师在工作当中不能只从眼前考虑，而要把自己所要处理的每一个案件与整个社会、整个国家联系起来，这样就会自觉地感受到肩上的重担，随之产生了一种责任感、使命感，从而在办案当中不仅仅是从当事人的利益出发，而是会更多地考虑国家的、人民的利益。如果每一位律师都能在执业过程中具备这样的政治素质，那么就必然会在办案过程中积极地维护国家的利益，从而避免国家和人民遭受损失，充分发挥律师为社会主义服务的职能。

此外，律师作为社会主义的维护者、人民利益的守护神，保障社会稳定是律师的基本职能。而这一切都是以律师具有良好的政治素质为前提的。律师应该认识到自己的一举一动、为当事人提供的每一项服务都关系到社会利益的平衡，社会秩序的稳定。有了这种高度的思想认识，并把它体现到具体的工作当中，社会稳定、人民团结，就一定会有效地得以保障。

3. 认真学习提高理论素养。认真学习邓小平特色理论，"三个代表"，科学发展观和十八届三中全会提出的理论和实践要求，坚持改革开放意识，不断适应新的形势，努力提高自身的政治素质和能力，为实现民主法治的"中国梦"勤勉工作。邓小平理论是建设有中国特色社会主义伟大事业的灵魂所在。我们的律师工作离不开国际国内的大环境，要想把工作开展好，使律师队伍永葆青春和生命力，必须认真学习邓小平理论，同时认真学习江泽民同志的"三个代表"理论和胡锦涛同志的科学发展观，以及习近平总书记提出的强国富民的"中国梦"的整体构想。真正领会其精髓和主旨所在，将其运用到律师执业的过程当中，这样才能在纷繁复杂、日新月异的国际国内的环境中立于不败之地，从而更好地服务于社会主义事业。当下，政治多元化，经济一体化的格局已然形成。我们国家已加入世界贸易组织，各国间的交往更趋频繁和多样，随着国际形势的变化，我们律师工作也将面临诸多机遇和挑战，而这正需要律师通过自身的不断学习，在邓小平理论、毛泽东思想的指引下，把握大局，看准方向，充分运用法律武器为国家和为人民服务，维护国家的利益和荣誉，为祖国的繁荣富强贡献聪明才智。

二、我国律师的道德修养

同政治素质相比较，道德修养则是日常点点滴滴积累的结果，它更多地体现在小处、小事方面。如果把政治素质看作宏观，那道德修养应是微观，但这并不代表它不重要，相反对于律师来说，道德修养同样是影响律师工作成绩的关键所在。律师应具备的道德修养基本有以下几点：

1. 恪守职业道德遵守执业纪律依法规范执业。每一个行业都有自己的道德和纪律，对于律师来说最基本的就是忠于事实和法律，依法执业。忠于事实和法律尽管是司法工作所应遵行的普遍原则，但就律师职业而言，则是强调我国律师职业的一切业务活动都不是纯粹为委托人谋私利，而是以维护委托人合法权益的角度出发，在客观事实的基础上，保证国家法律的正确实施。忠于法律和事实还表明了对律师业务活动的质量要求。一方面，要求律师在任何时候都能够坚持原则，尊重事实，依法服务，为司法机关的正确裁判提供参考意见和材料。只有坚持以事实为根据、以法律为准绳，才能使律师工作树立和保持权威性。另一方面，律师的工作要做到以事实为根据、以法律为准绳，就必须努力学习，刻苦钻研业务，在业务实践中不断地充实、提高自己的执业水平。

2. 坚持真理和原则坚持公平正义。坚持真理、维护正义是体现律师执业特点的重要职业道德，其核心是律师要坚持依法独立执业的原则，抵制和排除非法干预，忠实维护国家法律与社会正义。

律师在执业过程中只对事实和法律负责，只能依照事实和法律独立地进行业务活动，不受任何机关、社会团体和个人的不法、不当干预和影响。要想做到以上几点，律师必须具有强烈的正义感和责任心，只有这样才能勇于抵制和排除各种复杂的干扰，真正做到忠于事实和法律。当前，律师在工作当中难免会遇到这样那样的困难和阻力，甚至有时因为仗义执言、依法抗争而遭到报复陷害。但是作为一名律师，决不能被暂时的困难吓倒，决不能向不法势力低头，即使律师执业之路充满艰辛和坎坷，我们也别无选择，只有勇往直前，舍身护法。因为我们代表的是维护社会正义、人民利益的公平的法律，倘若我们畏缩不前，不忠于事实和法律，那么我们的社会还何谈公正，我们国家的安定团结也成了一句空话。因此每一名律师都要树立和培养自己坚持真理、维护正义的信心和勇气，只有具备了这样一种气质，才能坚决地同违法犯罪做斗争，坚持公平正义，自觉维护和保障社会的和谐稳定。

3. 牢固树立正确的世界观与价值观提高抵制腐败侵蚀的自觉性。律师应该做到廉洁自律，不能以金钱、名利为执业的出发点，不能片面追求经济利益和名声名望。评价一名律师绝不是看他获得了多少经济利益，而是应更多地从社会效益来评判。因此律师业不应与"利"字挂钩。律师应固守廉洁，否则都以"利"字当头，承办法律事务优先考虑自己的利益得失，而置当事人的合法权益和国家法律于不顾,那么如何实现律师所应承担的社会职责和历史使命?在律师行业中,应坚决反对拜金主义和"一切向钱看"的不良倾向,应积极倡导高尚、廉洁的道德风尚。律师在平时的办案过程中应严格要求自己,树立廉洁的道德观,在与当事人的交往当中更多地从社会责任和履行义务的角度出发,主动地去为当事人着想,这样通过平时的一点一滴的自我约束,就会养成良好的职业道德和优良品性及良好习惯,在面对各种诱惑的时候保持清醒的头脑,从而给广大人民群众树立良好的职业形象,赢得公众的信任和社会的认可。

4. 诚实信用恪尽职守履行职责。诚实信用要求律师本着公平、真诚与恪守信用的精神为当事人提供法律服务,并贯穿于提供服务的全过程。首先是律师在接受当事人委托时应本着善意的心理,真诚地为当事人提供法律服务。律师应对当事人所委托的法律事务有清晰的理解和准确的把握,以此决定自己是否有能力胜任该项法律事务;还应对该法律事务的工作量作出预计,保证自己有充分的时间和精力去办理。其次在接受委托后应自觉地积极主动地履行自己所承诺的法律事务,认真完成承担的各项义务,全心全意维护当事人的合法权益。

恪尽职守与诚实信用的侧重点不同,恪尽职守着重强调律师工作效率和认真履行职责,要求律师勤勉尽责真诚服务。律师的责任心是这种道德素质所要求具备的前提和基础。

5. 勤于学习努力钻研努力提高自身素质。律师要实现维护法律的正确实施和维护当事人合法权益的任务,必须具备相当的业务知识和技能。随着市场经济和法制的同步发展,法律调整的经济关系和社会关系更加多样化和复杂化,需要律师提供法律服务的领域更加广泛,专业化,国际化服务的要求越来越高。同时,法律服务领域的竞争环境和优胜劣汰的现实要求,客观上也要求律师必须具有高层次的专业知识和服务技能。因此律师应该不断学习和提高业务知识和职业技能，同时还要注重陶冶品德和情操，注重自身修养培养优良品格。在日常生活中摒除一切恶习，培养举止端庄、仪表整洁、质朴大方的气质和风貌，以给社会公众留心良好的职业形象。

总之，律师的政治素质和道德修养在律师的执业工作中起着十分重要的作用，每一位律师都应注重在这方面的培养和锻炼，只有提高律师队伍的政治素质和道德修养，才能使律师工作沿着正确道路前行。我们的律师应当从自身做起，从小事做起，怀着服务社会、报答人民的思想和感恩之心，去真诚地面对每一位当事人和法律事务。只要每一位职业律师真正具备过硬的政治素质和良好的道德修养，律师工作就会为社会的和谐进步，为我国的民主与法治建设作出贡献，律师这一神圣职业也一定会获得广大人民群众的尊敬和社会各界的信任。

第三节　我国律师的能力

一、强化外语水平提高综合实力

将英语作为工作语言的能力。据统计资料表明，我国"律师外语水平较好、能办涉外法律业务的律师不到40 000人，如果将从事涉外法律服务占其业务总量50%的国内律师事务所定位为涉外律师事务所的话，目前这类律师事务所不超过3000家。"可见，由于语言障碍，涉外法律业务成了阳春白雪，少有人问津，当然，也不排除由于政策原因，律师从事涉外业务的机会本来就少的因素。未来懂英语的律师不仅是国内律师事务所和企业急需的人才，也将成为外国企业和外国律师事务所在中国开办的分支机构争夺的对象。同时，为了培养律师的外语水平和涉外能力，除了律师自身的努力外，有条件的律师事务所和律师协会，可以帮助律师进修英语或者出国学习深造。

二、掌握新知识承办新兴法律实务

目前大部分律师对 WTO 的条文不太熟悉，应当加强这部分法律知识的学习。随着涉外法律事务的增多，我国签订的一些国际条约、有关国际惯例都是我们应当学习的内容。入世后，为实现与国际市场接轨，根据我国对 WTO 的承诺，我国将大面积地修改已有的法律法规，如有关知识产权、保险、金融、电信、涉外企业和贸易，以及重新调整国家行政部门的职能等方面的法律。另外我国的基本法民法典也在制定当中，它将取代《合同法》成为新时期调整市场行为的基本规范。随着网络信息全球化所引发的国际私法问题，原来某些传统的法律概念因网络的高度流动性、非地域性、非物质性，已经越来越不能适应信息技术时代的变迁，需要重新定义，而网上交易、电子商务将日益体现它在贸易中的重要地位，因此与计算机相伴随的有关知识产权、人身权等规定即将修订和补充，现在国外已有有关法律出台，在我国也必将提上议事日程，这也是亟待学习准备的内容。

三、提升知识产权保护和劳动力保障的能力

入世后国内原有的一些劳动率低、产品科技含量少、品质低下以及涉及侵犯别国知识产权等企业，在强烈的国际竞争势头面前必将遇到许多新情况和新问题，许多企业将面临诸多冲突和挑战，因此要求中国的企业必须提高自主知识产权的保护意识，加大《专利法》的宣传力度，提高对知识产权保护的认

识，完善配套法规，使我们的企业走出国门，占领国际市场，真正参与国际竞争。另外与之相关的涉及劳工权益保护的法律服务的市场需求也将随之增加。同时在经济全球化、剩余劳动力增多的形势下，中国将会加快对外劳务输出的步伐。律师应当学习有关法律法规和政策，满足市场的服务需要。

四、提高律师刑事辩护的能力

在刑事辩护方面，一定时期内犯罪率将会上升，律师将会面临新的刑事诉讼业务。具体表现在：在城市失业人口增加，而在农村大量农业剩余人口涌向城市，成为城市流动人口；这些社会不安定因素会带动犯罪率上升。同时，外国犯罪组织、跨国犯罪集团可能与这些城市流动人口及失业人员结合，一些跨国性犯罪，如毒品走私、国际拐卖人口、恐怖活动、洗钱等有组织犯罪将日益突显，针对以上情况，律师应当为办理跨国性刑事诉讼业务做好准备。另外伴随着经济的快速发展，贫富差距和城乡差别有加大的可能，特别是政府权力的集中，制约制度的滞后，现实生活中严重的贪污贿赂犯罪会时有发生、利用计算机和高科技犯罪如网上走私、电子勒索、色情传播、网上窃取国家秘密等，都是律师的刑事诉讼业务将面临的具有时代特征的内容。

五、与时俱进提高律师的专业化水平

尽可能多地掌握一两门其他专业的基本知识。随着法律服务市场的日渐成熟，律师的服务项目也将日益细化，且逐步深入到各个专业领域和具体的操作环节，市场需要"懂行"的律师，即专业化的律师人才。因此，律师在根据市场需要和个人资质选择了市场主攻方向之后，应当着力培养自己的相关专业

能力。除基本的法律知识外对其他专业一窍不通的律师太多，他们大多在诉讼业务领域争夺市场，而且这一领域早就显露出了僧多粥少的饱和局面，如果在其他更广阔的非讼专业领域另谋佳径不能不算是明智之举。

六、走向市场推销自我的公关能力

我们必须打破传统的律师应当被动等待当事人上门寻求法律服务，而不应当向市场推销自己、抛头露面作业务宣传的陈旧观念。律师可以在法律许可的范围内开展一些公关活动，下面介绍几种：

1. 开展普法演讲活动。积极争取参加某些可挖掘法律服务对象的行业聚会，尤其是大型交易会，针对这些特定的观众群向他们发表该行业领域法律知识演讲，既普及了法律，又向人们宣传了自己的业务专长。

2. 参加有影响的法律专业组织。努力争取担当其中的领导职务，这是提高律师专业声望的直接办法。

3. 加入其他经济实体，为其提供法律服务。比如进入企业、社会团体，这是律师接近其他领域的最直接的途径。

4. 参加社会活动，广结人缘。这是通行的社交方式，不管是参加娱乐活动还是社会慈善活动，都会不同程度地增加律师的知名度。

七、创办规模所实现专业化分工提高竞争实力

入世后外国律师事务所大规模地入驻中国，将给律师业带来空前的竞争压力，实现所与所之间横向联合，创办规模所，实现所内专业分工，将是提高竞争实力的发展方向。目前北京、上海已有一些律师事务所实现了合并。规模化、专业化是一个

必然趋势。美国从 20 世纪 80 年代开始形成了全国性的和国际性的律师事务所合并的潮流。目前，美国和欧洲律师人数上百名、几百名的律师事务所为数相当多，有些规模很大的律师事务所仅合伙律师就有上百名，律师人数达到上千名的也不乏存在。这些大中型律师事务所在世界各地都设有分所，真正实现了跨国经营。

（一）创办规模律师事务所提升品牌效应

律师事务所必须强调集体主义，合力办理法律业务，保证服务质量，创造优质品牌和特色业务。目前，大多数事务所的律师都是单干，事务所并未形成整体力量目标一致地向外发展，加盟律师各自为政，一盘散沙，这种将个人利益置于事务所的利益之上的存在方式，分散了律师事务所的整体力量，也难以保证服务质量。在占有品牌优势、专业优势、高薪优势的外国律师事务所和国内发展起来的新型的规模所面前，这种管理模式最终会使事务所丧失市场竞争力，遭受被淘汰的命运。要想长期生存发展下去，现有的大多数律师事务所（暂时只有能力经营小规模所的事务所除外）必须结束这种各个律师彼此孤立的状态，树立集体观念，确立事务所统一安排对外提供法律服务、具体工作分工下放特定律师的管理模式。

（二）强化现代管理理念尊重律师的劳动

合伙人应当树立民主管理的现代管理理念，尊重每一位加盟律师，充分调动他们积极参与所内事务的工作热情，发挥律师的集体主义精神和个体能动性。那些频繁地变换合伙人和加盟律师的事务所，无疑正是强化管理规范服务的典型所在。

（三）制定竞争计划拓展服务领域

律师事务所开拓专业性服务市场，有步骤地、方向明确地实现竞争目标。不断变换事务所发展方向的合伙人是不会把律师事务所管理成现代化规模所的。当然，制订发展计划并不是一件简单的、想当然的事，而必须事先经过周密的市场调查，做大量的调查研究工作，进行必要的战略分析，弄清哪些市场具有开拓业务的价值和潜力，这需要一定的时间、人力、物力。但考虑到它关系到律师事务所的生死存亡，这些投入是值得的。同时，要认识到开拓专业性的市场并不一定要补充现成的有专业经验的律师，最好利用有工作热情的律师组成专项调研小组，群策群力，完成市场调研、学习有关专业知识、制定相关业务方案等系列工作。

（四）定期培训提高律师业务能力

当律师事务所具备了增员的能力时，有计划地吸纳有志从事律师工作、通过国家司法考试的本科以上学历人员，严加挑选，并有步骤地对他们进行业务培训。招聘新的律师或助理人员，根据其资质分配不同的工作，同时要建立起相对固定的培训模式。

第三章

律师资格与执业

　　律师制度是现代国家法律制度的重要组成部分，其健全程度关系到国家的法治水平、法治文明程度，是国家法制民主化与科学化水平的重要标志。律师职业直接关系到统治阶级的统治利益，作为支撑现代司法制度大厦的基石之一，对统治阶级的统治利益具有重要影响，尤其是现代社会法治化的强劲潮流使得律师在社会生活中的地位呈上升趋势，其影响也日益深远。为了保证律师职责的充分发挥，必须赋予律师从业人员以严格的条件限制，只有具备特定条件的人，才能从事律师职业。为此，现代各国均规定了律师资格制度。实行律师资格准入制，有助于从入口把关，确保进入律师职业的人员具有较高的道德与业务素质，这也是律师制度充分发挥其应有作用的重要保障。

第一节　律师资格

　　各国关于取得律师资格的条件、方式、程序不尽相同，表现在国籍、年龄、学历、考试、培训、资格审批与登录等方面。

一、律师须要求具有中国国籍

律师制度作为一国司法制度的重要组成部分，属于上层建筑的范畴。律师的执业活动直接关系到统治阶级的统治利益。因此，对律师的管理就显得极为重要。其中对是否必须具有本国国籍方能取得律师资格就成为各国面临的选择。无疑律师制度与一国的政治制度、经济制度、法律制度密切相关，同时也受民族历史文化传统的影响。因此，多数国家都把本国公民列为取得律师资格之必要条件之一，如美国、日本、加拿大、意大利等。但是美国的少数州有在本州居住两个月或六个月以上的外国人或具有永久居留权的外国人可以报考律师的规定。从现实情况来看，对律师具有本国国籍的要求有松动的迹象。在法国取得律师资格，必须具有 5 年以上的法国国籍。然而，1971 年和 1990 年法国律师制度进行了两次修改在重申只有法国人才能取得律师资格的既有规定的同时，作出法国在国际条约中另有协议除外的原则规定。据此，法兰西联邦成员国，如象牙海岸、尼日尔等国的律师可不受限制地在法国执行律师业务。而 1972 年 6 月 9 日法国国会通过的《司法援助法》第 44 条第 7 款则规定，某些与法国订有司法协助协定的国家的公民，申请法国律师资格，并不要求具有法律学位。荷兰 1938 年《律师法》第 2 条要求申请律师职业者必须具有荷兰国籍，但 1974 年 7 月 3 日《律师法》取消了这一限制。律师国籍的放松规定，源于国际经济、文化事务及纠纷日益增多，法律事务也随之增多。为了适应处理国际日益增加的法律事务的需要，具有相同政治、经济制度及地域因而具有亲缘性的国家之间，相互放松了对律师国籍的要求，允许他国律师在一定范围内在本国执行律师业务。因此，不同国家间在一定程度上放松对律师国籍的限制，但应具有两个条件：其一是相互之间经济法律事务的急剧增多，其二是具有相同的政治、经济、社会制度，或具有文化传统与地域上的亲缘性。

在我国只有具有我国国籍的公民才能取得律师资格。根据1980年8月26日颁布的《律师暂行条例》第8条的规定，在我国有权申请取得律师资格者，应是有选举权和被选举权的我国公民。而1996年5月15日第八届全国人民代表大会常务委员会第十九次会议通过的《律师法》对申请律师资格者的国籍未作明确限制，其第6条规定："国家实行律师资格全国统一考试制度。具有高等院校法学专科以上学历或者同等专业水平，以及高等院校其他专业本科以上学历的人员，经律师资格考试合格的，由国务院司法行政部门授予律师资格。律师资格全国统一考试办法，由国务院司法行政部门制定。"第7条规定："具有高等院校本科以上学历，从事法学研究、教学等专业工作并具有高级职称或者具有同等专业水平的人员，申请律师执业的，经国务院司法行政部门按照规定的条件考核批准，授予律师资格。"与《律师法》同时施行的《律师资格全国统一考试办法》第6条第1款要求报名参加律师资格考试者必须是拥护《中华人民共和国宪法》，享有选举权和被选举权的中国公民，同时《律师资格全国统一考试办法》第18条规定，港、澳、台居民参加律师资格考试由司法部另行规定。此外，同时施行的《律师资格考核授予办法》第4条则要求申请考核授予律师资格者，必须是符合规定条件的中华人民共和国公民。《律师资格全国统一考试办法》第12条还规定，香港、澳门地区的居民考核授予律师资格的办法另行规定。随着香港与澳门的陆续回归，两地的居民自然取得中国国籍。因此，两个法律文件均明确规定了只有中国公民才能申请取得律师资格。这里存在的问题是，《律师法》没有明确规定只有中国公民才能申请取得律师资格，是否表明许可没有中国国籍的人取得律师资格？两个法律文件的限制性规定是否符合立法原意，在我国的现有条件下，规定律师须具有中国国籍，即将国籍作为取得律师资格的必备条件是必要的，这与我国社会制度、经济制度、法律制度与民族传统等与其他国家之间存在着很大差异密切相关。现行《律师法》虽没有对国籍作出明确的限制，但两个法律文件所作的补充规定应是符合国情的。当然，随着市场经济的不断发展，许可他国公民在一定条件下取得在中国执行律师业务的资格亦有可能未来能够实现。

二、我国年满 18 周岁的公民可报名参加司法资格考试

律师职业是一个专业性很强的职业，它要求从业人员必须具有相当的法律理论与知识水平。而律师从业人员一定的年龄则是其达到这一水平的重要保证，并以达到法定行为能力年龄为前提。关于取得律师资格的年龄要求，有些国家有明确规定，有些国家没有作出明确规定。规定的国家对年龄的要求也不一样。美国规定的年龄为 20 周岁以上，但有的州规定为 18 周岁或 21 周岁。英国要求年龄为 21 周岁。有的国家规定，取得律师资格的最低年龄为 18 周岁，如马来西亚、丹麦等。从规定年龄的国家来看，最低的要求达到 18 周岁，最高的要求达到 21 周岁，只有达到最低年龄要求的公民才能授予律师资格。18 周岁为公民进入成年的年龄，是其开始具有民事行为能力的年龄。因此，各国对取得律师资格的年龄要求没有低于 18 周岁的，有的国家则在此基础上提高了对年龄的要求，其目的是以此来保证律师从业人员的素质。依照《宪法》第 34 条的规定，只有年满 18 周岁的我国公民才享有选举权和被选举权。因此，也只有达到

18周岁的我国公民，才可被授予律师资格。另外，报名参加律师资格考试与实际取得律师资格的年龄并不是一回事，因为报名时与通过考试实际取得律师资格有一段时间间隔，可能报名时尚未达到一定年龄，而到授予律师资格时已达到该年龄。因此，立法时应考虑立法技术，是规定报名时最低年龄还是规定实际取得律师资格时的最低年龄。《司法资格考试办法》规定的是报名时的最低年龄要求。

三、大学本科是参加司法资格考试的学历要求

律师作为一种专业性很强的职业，对从业人员的学历要求是很高的。事实上，各国对于取得律师资格在学历方面的要求都很严格。有些国家要求必须具备大学法律本科学历，方可申请参加律师资格考试，如德国、澳大利亚，而美国则要求必须具有法学学士学位。还有些国家要求高等学校毕业后必须再在法学院学习几年期满，才具有取得律师资格的学历条件，如英国、法国、日本、印度、加拿大等国。根据1971年12月31日法国《律师法》的规定，要想取得律师资格，首先必须取得"见习律师"资格，方可取得正式律师资格。"见习律师"资格的取得，除了必须具备法国公民和法学学士学位的条件外，还必须具备经"准备考试"的教育，取得"律师职业适合证书"的条件。"准备考试"的教育工作，由国立大学设立的司法研究所负责实施，在不设司法研究所的大学里由法律系负责实施。教育期限为1年，期满即进行考试，及格者由司法研究所所长或法律系主任颁发"律师职业适合证书"。获得"律师职业适合证书"者欲成为见习律师，必须申请律师协会理事会批准，作出授予"见习律师"资格的决定，登记在律师协会设置的见习律师名册上，即成为见习律师。见习律师若要成为正式律师，

还须到律师进修所进修 3 年至 5 年。律师进修所由律师、司法官与大学共同举办，由国家财政负责经费。律师进修所设在每一个上诉法院。见习律师进修期满，由进修所发给结业证书，到律师协会登记注册后，成为具有正式律师资格的律师。

我国律师立法对取得律师资格的学历要求也作了规定。1980 年 8 月 26 日第五届全国人大常委会第十五次会议通过的《律师暂行条例》，规定了取得律师资格的专业条件。《律师暂行条例》规定，具备下列情形之一，经考核合格，可以取得律师资格：①高等院校法律专业毕业，并且做过 2 年以上司法工作，法律教学工作或法学研究工作；②受过法律专业训练，并担任过人民法院审判员、人民检察院检察员；③受过高等教育，做过 3 年以上经济、科技等工作，熟悉本专业以及与本专业有关的法律、法令，并且经过法律专业训练，适合从事律师工作；④其他具有上述第①项、第②项所列人员法律业务水平，并具有高等学校文化水平，适合从事律师工作。取得律师资格，须经省、自治区、直辖市司法厅（局）考核批准，发给律师证书，并报司法部备案。不难发现，《律师暂行条例》对律师的学历要求偏低，对法律理论与知识掌握的要求亦不高。应当说，律师作为法律从业人员，应具有很高的法律专业理论知识水平，方能完成所担负的任务。不过亦应看到，当时我国正处于"文化大革命"后的法制恢复初期，法学教育及公、检、法机关遭到根本性破坏，法律人才短缺，而且法官、检察官的专业素质亦较低，据此规定律师须具备上述条件是符合当时的客观条件的。随着我国民主与法制的不断健全以及法学教育的较大发展，提高对律师资格中的学历要求是必要的，同时也具备了条件。从1986 年开始，司法部决定举行全国律师资格统一考试。资格考试成为我国律师制度中一项重要的内容，它有利于规范律师行业健康发展，保障律师素质的不断提高。1986 年 8 月，第一次全国律师资格考试举行。关于考试的报名条件，司法部规定，下列人员可以报考：①具有大专以上学历，已在律师事务所从事律师工作的人员；②已实习期满的实习律师；③具有大专以上学历的法学教学和法学研究人员。从上述规定可以看出，应考人员仅限于已在律师事务所从事律师工作的人员以及从事法学教学与研究的人员。1988 年 7 月，第二次全国律师资格考试举行。此次考试在报考人员的范围上不再限制，即无论有无职业，从事何种工作的人均可报考，同时规定，报考人员除中华全国律师函授中心毕业生，成绩优异，经该中心推荐报考外，必须具有大专以上学历。无疑，对报考资格者的大专学历要求比《律师暂行条例》中的要求有所提高，但实践中存在的问题是，报考人员中尚有相当多的人不具备大专以上法律专业的学历。1996 年 5 月 15 日第八届全国人大常委会第十九次会议通过的《律师法》进一步提高了对报名参加律师资格考试者的学历要求。根据《律师法》第 6 条的规定，报名参加律师资格考试的人员须具有高等院校法学专科以上学历或者同等专业水平，以及高等院校其他专业本科以上学历。而《律师法》第 7 条关于考核授予律师资格的学历要求则更为严格，要求必须是具有高等院校法学本科以上学历并且从事法律研究、教学等专业工作具有高级职称或者同等专业水平的人员。这一要求比律师暂行条例关于考核授予律师资格的学历，工作经历及专业水平的要求要严格得多，有利于保证通过考核被授予律师资格者具有较高的专业素质，保证执业质量。

随着我国法学教育的不断发展，应提高对报名参加律师资格考试者的专业素质及学历要求。借鉴他国立法经验，可以作出类似规定，即报考律师资格者必须具备法学专业本科以上学历，其他专业具有本科学历。依据《司法部关于确定国家司法考试放宽报名学历条件地方的意见》，各省、自治区、直辖市所辖自治县（旗），各自治区所辖县（旗），各自治州所辖县；国务院审批确定的国家扶贫开发工作重点县；西藏自治区所辖市、地区、县、县级市、市辖区，可以将报名的学历条件放宽为高等院校法律专业专科学历，所谓高等院校，依据《高等教育法》第 68 条的规定，是指大学、独立设置的学院和高等专科学校，其中包括高等职业学校和成人高等学校。持港澳台地区和外国高等院校学历的人员可以报名参加考试。

第二节　律师执业

律师执业是指公民以律师的名义从事各项律师活动，为社会提供法律服务。具有律师资格是律师执业的前提，而以律师名义执业则是具有律师资格的必然结果。依法取得律师执业证书则是履行律师职务的充要条件。

一、律师执业的条件

成为执业律师，能够以律师名义执业，必须依法取得律师执业证书。律师执业证书是律师执业的法定证件。1996 年《律师法》第 13 条规定：没有取得律师执业证书的人员，不得以律师名义从事法律服务业务；除法律另有规定外，不得从事诉讼代理或者辩护业务。该法第 55 条规定：没有取得律师执业证书的人员以律师名义从事法律服务业务的，由所在地的县级以上地方人民政府司法行政部门责令停止非法执业，没收违法所得，处违法所得一倍以上五倍以下的罚款。

《律师法》第 5 条规定了申请律师执业应当具备的条件：

①拥护中华人民共和国宪法；②通过国家统一司法考试；③在律师事务所实习满一年；④品行良好。

《律师法》第7条还规定，有下列情形之一的，不予颁发律师执业证书：①无民事行为能力或者限制民事行为能力的；②受过刑事处罚的，但过失犯罪除外；③被开除公职或者被吊销律师执业证书的。

二、律师执业证书取得的程序

根据《律师法》和司法部《律师执业证管理办法》的规定，申请领取律师执业证书的程序包括：

（一）申请

取得律师资格的人员在实习期满后可申请领取律师执业证，并由所在的或拟调入的律师事务所将本人填写的《律师执业证申请登记表》、申请人的《律师资格证书》、申请人实习的律师事务所出具的关于申请人的思想品德、业务能力和工作态度的实习鉴定材料以及申请人身份证明的复印件等报送住所地司法行政机关。

（二）上报

住所地司法行政机关应在收到申请材料15日内提出审查意见，并逐级上报至省、自治区、直辖市司法厅（局）。

（三）审核颁证

省、自治区、直辖市司法厅（局）对申请材料进行审核，符合规定条件的，应当自收到申请材料之日起30日内颁发律师执业证书；不符合规定条件的，不予颁发律师执业证书，并应当自收到申请之日起30日内书面通知申请人。申请人对不予颁发律师执业证书不服的，自收到通知书之日起15日内，可以向上一级司法行政机关申请复议，对复议决定不服的，可以自收到复议决定之日起 15 日内向人民法院提起诉讼；也可以直接向人民法院提起诉讼。

根据《律师执业证管理办法》的规定，我国实行律师执业证年度注册制度。律师执业证每年度注册一次，经注册后当年度有效，未经注册，一律无效，不得再执行律师业务。律师执业证注册制度，是司法行政机关对律师执业活动进行经常性监督和管理的重要措施。办理注册的程序是：律师按规定填写《律师执业证年度注册审核登记表》，并提交下列材料：①年度工作总结；②完成业务培训的证明；③遵守律师职业道德和执业纪律的情况报告；④律师协会出具的履行章程规定义务的证明。上述申请注册的材料，由律师所在的律师事务所向住所地司法行政机关申报，住所地司法行政机关提出审查意见后，逐级上报至注册机关。省、自治区、直辖市司法厅（局）以上司法行政机关为注册机关。省、自治区、直辖市司法厅（局）根据工作需要，可以委托地、市、州司法局负责本地区律师执业证的注册。提交材料不合格的，由注册机关退回，要求补充。符合注册条件的，应自收到申请注册材料之日起 15 日内办理注册手续。有下列情形之一的，注册机关可以暂缓注册，并通知该律师所在的律师事务所：①因违反律师执业纪律受到停业处罚，处罚期未满的；②所在的律师事务所因违反执业纪律被处以停业整顿，处罚期未满的；③有法律法规规定的暂时不能从事律师职业情况的。暂缓注册的原因消失后，由本人申请，注册机关核准后，应为其办理注册手续。每年注册结束后，对于准予注册的律师，注册机关应在报刊上公告。律师应妥善保管执业证，不得出借、出租、抵押、转让、涂改和毁损。律师执业证损坏或遗失的，由该律师所在的律师事务所向司法行政机关申请换领或补发。律师执业证损坏的，应交回原律师执业证；律师执业证遗失的，应在当地报刊上刊登遗失声明。律师受停止执业处罚的，由司法行政机关收回其律师执业证，于处罚期满后发还。律师被吊销律师执业证的，由司法行政机关收缴其律师执业证予以注销。

三、律师执业的限制

我国《律师法》对律师的执业活动作了限制性规定，其目的在于保证律师公正执业及实现对律师的有效管理。这些限制主要有：

（一）律师只能在一个律师事务所内执业

《律师法》第 10 条规定：律师只能在一个律师事务所执业。在我国律师事务所是律师执业的唯一机构，律师执业必须在律师事务所，不允许以个人名义独立执业。而且律师承办业务，须由律师事务所统一接受委托，与委托人签订书面委托合同，按照国家规定向当事人统一收取费用并如实入账。在这种体制下，禁止律师在两个以上律师事务所执业，有利于对律师及律师事务所进行有效的管理，也有利于维护律师事务所和委托人的权益。

（二）国家机关的现职工作人员不得兼任执业律师

《律师法》第 11 条规定，公务员不得兼任律师。律师担任各级人民代表大会常委会组成人员的，任职期间不得从事诉讼代理或者辩护业务。上述人员均为公职人员，他们如果从事律师执业，既影响其本职工作，又可能因其身份的特殊性而对有关机关施加不利的影响，使其执业获得非正当的"照顾"，从而导致不公正。为此，作出上述限制是必要的。

（三）曾担任法官、检察官的离任后两年内不得从事律师业务

曾担任法官、检察官的律师，从人民法院、人民检察院离

任后 2 年内，不得执行诉讼代理与辩护业务，国家机关的现职工作人员不得兼任执业律师。《律师法》第 41 条规定：曾担任法官、检察官的律师，从人民法院、人民检察院离任后 2 年内，不得担任诉讼代理人或者辩护人。在我国法官、检察官以及律师职业均未形成有效的自我约束机制，其原因当然很多，这也是当前存在严重的司法腐败现象的重要原因。在现行司法体制下，曾担任法官、检察官而后改任律师的，由于其以前的工作岗位与有关法院、检察院存在特定的联系从而会产生人情关系等可能干扰司法活动的因素。因此，对于这种律师的执业活动予以适当限制是必要的。《律师法》的这种限制表现为：在时间上，从人民法院、人民检察院离任后 2 年内；在业务范围上，不得执行诉讼代理和刑事辩护业务，其他业务不在此限。此外，根据有关规定，在某些特殊的业务领域，律师必须取得主管部门授予的从业资格之后才能从事该项业务，这亦是律师执业限制的一种形式。如律师欲从事证券法律事务的，必须事先经由一定的考核程序取得中国证监会和司法部授予的"证券律师资格"。某些业务领域专业性较强，因此对从事这些领域的律师进行专业资格认证是必要的。

在我国律师的专业化分工尚不具体，而在一些发达国家，如美国存在着大量的专业律师，如税务律师、专职律师。可以预见，随着我国经济的不断发展，各行各业对律师的需求会越来越大，满足某一业务领域对法律服务需要的专业律师亦会不断出现。

值得指出的是，《律师法》第 10 条第 2 款还规定，"律师执业不受地域限制"。我国实行律师资格由司法部统一授予制度，取得律师资格及律师执业证书，即可在全国地域内执行律师业务，这是由我国法律体系的统一性决定的。而在美国，存在联邦与州双重法律体系，律师资格由各州授予，在一个州取得律师资格后，并不等于可以在其他州从事律师职业；如要在其他州从事律师工作，还需取得该州的律师资格。

四、执业律师的类型

根据现行《律师法》的规定，我国执业律师包括专职律师与兼职律师两种。专职律师是指专门从事律师职业的人员。律师专职化是绝大多数国家对律师职业的要求。律师专职化有利于律师业的管理与发展。在我国专职律师是律师队伍的主体，应逐步提高专职律师的素质，提高他们的法律服务水平，发挥专职律师在我国法治建设中的积极作用；兼职律师是指在从事其他职业的同时兼任执业律师的人员。兼职律师制度是为了解决专职律师不足以满足社会需求的问题而设立的。随着我国专职律师队伍的不断壮大，兼职律师存在的空间将越来越小。根据司法部发布的自 1997 年 1 月 1 日起施行的《兼职从事律师职业人员管理办法》第 5 条的规定，只有具备规定条件的法学院校（系）、法学研究单位从事教学、研究工作的人员，方可以兼职从事律师职业。这些条件是：①具有律师资格；②所在单位允许兼职从事律师职业；③在律师事务所学习一年；④品行良好；⑤符合律师执业的其他规定。兼职律师在执业活动中统称律师，与专职律师有同等的权利和义务。上述《办法》还规定，律师事务所聘请兼职人员，数量不得超过本所专职律师的数量。在法学院校、研究单位设立的律师事务所只能从本院校、研究单位符合条件的人员中聘用兼职律师，其数量由省、自治区、直辖市司法厅（局）规定；此外，在我国还有一个特殊的律师群体，即特邀律师。特邀律师制度是在特定时期实行的弥补执业律师不足的一项制度。司法部 1984 年发布的《兼职律师和特邀律师试行办法》与 1987 年发布的《关于聘用离退休人员从事律师工作的意见》确立了这一制度。其内容就是由司法行政机关考核批准具有规定条件的离退休人员应聘到律师事务所从事律师业务。特邀律师大多是具有丰富司法实践经验或法律事务工作经验的老同志。随着我国律师队伍的不断发展壮大，这种制度已基本失去存在的必要性。而且现行《律师法》规定所有律师从业人员必须事先取得律师资格，而过去特邀律师并不需要具有律师资格，这就使特邀律师失去了存在的基础。上述《兼职律师和特邀律师试行办法》已经废除，特邀律师制度应当说也已不复存在，但现有的特邀律师仍可以从事律师执业，直到自然减员为止。

五、律师的职称

1987 年 10 月，司法部发布了《律师职务试行条例》，从而建立了律师系列，将律师纳入了专业技术干部的范畴。律师实行专业技术职务制为我国独有，它源于当时我国对律师性质的定位和国家的人事干部管理体制。当时的事务所均为国办所，属于"全民所有制事业单位"，而律师是"国家法律工作者"，这是把律师作为国家干部来讲的。而律师又不是一般的行政干部，有专业技术人员的特征，因此就把律师纳入专业技术干部的范畴。根据《律师职务试行条例》律师职务分为一级律师、二级律师、三级律师和四级律师。其中一级律师和二级律师为高级职务，三级律师为中级职务，四级律师为初级职务。《律师职务试行条例》还对律师职务的任职条件以及评审、聘任程序作了具体规定。随着我国律师行业的发展，合作律师事务所和合伙律师事务所出现的越来越多。一般认为，在这两种律师事务所中不宜实施律师职务制。这一方面取决于律师由"国家法律工作者"向"社会法律工作者"的转变，同时，实行律师职务将会对律师行业的发展产生不利影响。另外，随着国资律师事务所管理体制的变化，对国资所律师实行职称制亦渐渐失去意义。

第四章

律师机构及其管理

第一节　律师事务所概述

一、律师事务所名称的由来

律师机构是指律师开展日常业务活动的工作机构。律师机构的名称，世界各国不尽相同，但绝大多数国家都将律师机构称为律师事务所。目前，我国将律师机构的名称统一规范为律师事务所。20 世纪 50 年代初期，我国在创建新中国律师制度时，引用苏联的模式，将法律顾问处作为我国律师执业机构的法定名称，并在 20 世纪 80 年代制定《律师暂行条例》时予以沿用。在实践中，一方面由于法律顾问处与国际上的通常称谓——律师事务所不一致，对外交往很不方便，不利于与国际接轨；另一方面由于企事业单位内部的法律部门和社会上的一些法律服务机构也称法律顾问处，造成职能和工作任务不同的两种法律顾问相互混淆，很难分清。这种状况严重阻碍了律师业务的开展，而且，随着律师工作的不断发展和进一步深化改革，这一名称已不能准确反映律师执业机构的性质和所担负的任务。为适应形势的发展，1983 年 7 月由吴念祖等三位律师组成的蛇口律师事务所在深圳开业，这是新中国最早称为律师事务所的律师执业机构。1984 年 8 月，在全国司法行政工作会议上，经过认真研究、讨论，司法部明确提出，将法律顾问处改称为律师事务所，在《律师暂行条例》未修改之前，法律顾问处的称谓暂不废止。随后，全国大多数律师执业机构采用了律师事务所的称谓。1996 年 5 月颁布的《律师法》第 15 条明确规定："律师事务所是律师的执业机构。"在立法上解决了法律规定和实践不相一致的局面。此前，1995 年 2 月 20 日司法部颁发的《律师事务所名称管理办法》对律师事务所的名称进行了详细的规定。

根据上述法律规定，律师事务所的名称是经批准设立的，它是执业活动中供公众识别的机构名字和称号，由字号和律师事务所组成。经批准机关核定的律师事务所名称在全国范围内享有专用权。《律师事务所名称管理办法》规定：律师事务所的名称中不得含有下列内容和文字：①有损于国家、社会公共利益的；②外国国家（地区）名称、国际组织名称；③政党名称、党政军名称、群众组织名称、社会团体名称及部队番号；④汉语拼音字母（外文名称中使用的除外）；⑤数字；⑥中国、中华、全国、国际、中心等字样；⑦可能对公众造成误解的名称；⑧表明特定律师业务范围，如带有"涉外"、"经济"、"金融"、"房地产"等字样或其谐音。律师事务所名称中的字号由该律师事务所在申请设立时自由选择，字号应当由两个以上的汉字组成，但不得使用县（市辖区）以上行政区名称做字号。合伙形式的律师事务所不可以使用合伙人的姓名或姓氏的连缀做字号。律师事务所的名称不得转让。律师事务所解散、撤销后 1 年内，其他律师事务所设立申请人或变更申请人不得申请其名称。擅自使用他人已经核定的律师事务所名称或者有其他侵犯他人律师事务所名称专用权行为的，被侵权人可以向侵权人所在地批准机关要求处理。批准机关应当责令侵权人停止侵权行为，赔偿被侵权人因该侵权行为所遭受的名誉损失。

二、律师事务所的任务

律师执业机构的主要任务是领导律师开展业务工作，组织律师进行政治和法律业务知识学习，总结、交流律师的工作经验。为了提高律师的政治素质，律师执业机构必须坚持定期组织律师认真学习马列主义的基本理论及党和国家的方针政策，确保律师工作的正确方向。领导律师开展业务工作，是律师执业机构的基本职责。为了维护法律的正确实施和维护当事人的合法权益，律师执业机构还应该定期组织律师学习法学理论、法律专业知识和其他有关知识，不断提高法律服务水平。根据有关规定和律师工作的实践，律师事务所的任务还包括以下几项：

（1）统一接受委托并指派律师开展业务活动；

（2）管理本所财务，按照国家规定向当事人统一收取费用并如实入账；

（3）向司法行政机关定期报告业务工作、财务收支和其他情况；

（4）聘任和辞退工作人员；

（5）向有关部门反映律师的意见和建议。

三、律师事务所的形式

根据我国《律师法》的规定，律师事务所可以由国家出资设立、律师合伙设立或者由律师个人设立。

（一）国资律师事务所

自 1979 年我国重建、恢复律师制度以来，各地以"国办所"（占编所）为主要形式先后组建了一批占用国家编制的"占编所"，同时也允许一些部委、省、市（经司法主管部门批准），组织成立属于部门管理的律师事务所。国办律师事务所由司法行政机关设置，其性质是国家事业单位，人员编制属于司法事业编制，经费列入国家预算，依靠国家财政拨款。在这种体制下，律师队伍因编制限制受到严重制约，律师事务所缺乏人事自主权。依靠国家财政拨款，既加重了国家财政负担，又使律师事务所缺乏财务自主权，造成律师的工作积极性不高。律师事务所由司法行政机关组建又隶属于各级司法行政机关，使其成了变相的行政机关，妨碍了律师独立行使职务。同时，律师事务所由于按行政区划设置，多聚集于城区，而农村和边远地区则较少，给群众请律师带来不便。

从 1983 年开始，司法部对律师工作改革进行探索，进而允许一些律师机构实行"单独核算、自负盈亏、自收自支、结余留用"的办法解决经费不足问题。为适应新形势，司法部 1984 年《加强和改革律师工作的意见》中对法律顾问处的经费管理办法也作了相应的改革。1988 年和 1989 年，司法部相继对律师事务所的工资分配、经费开支和人员进出方面加强改革。将国办律师事务所的改革方向确定为：改变国家对律师工作统包的做法，向不占国家编制、不要国家经费、自愿结合、自收自支、自我发展、自我约束的自律性律师事务所转变。同时，从我国目前国情看，一些边远地区的律师事务所还很难实现自收自支和自我发展，因此国家还不能取消国家出资设立律师事务所这一组织形式。根据 1996 年《律师法》和《国家出资设立的律师事务所管理办法》（1996 年 1 月 25 日司法部发），现行国家出资设立的律师事务所由司法行政机关根据国家需要设立，并以其全部资产对债务承担有限责任。国家出资设立的律师事务所包括一次性投入开办资产、不核定编制、核定编制并核拨经费等形式。国家出资设立的律师事务所依法自主开展业务活动，任何机关团体和个人不得随意调用律师事务所的资金和财产，不得干涉律师依法执业。国资律师事务所独立核算，根据情况分别实行全额管理、差额管理、自收自支三种经费管理方式。国资所中存有两种资产，一种是国家投入的资产以及由此得到的回报；另一种是律师们基于勤奋劳动获得的收益，收益中一部分成为律师事务所的资产，而其余部分则成为律师的个人资产。当前，如何区分国资所中的国有资产与个人资产，是关系到国资所发展的主要问题。分清国资所的国家资产与个人资产，有利于建立激励机制，鼓励律师开展业务活动。在律师事务所存续期间，应当明确国有资产与个人资产，但任何个人资产不能分割至个人，而由律师事务所统一管理和使用，除非个人退出律师事务所，其方可以分割所系的份额。律师事务所主任是律师事务所的法定代表人，由本所全体律师在具有三年以上执业经历的本所律师中推选，经设立该所的司法行政机关任命。律师事务所主任对设立该所的司法行政机关负责，并向其报告工作。

（二）合伙律师事务所

改革开放的深入发展和社会主义市场经济体制的确立，对律师事务所的形式和管理提出了更高的要求。1993 年 12 月，国务院批准了司法部《关于深化律师工作改革的方案》。在这一方案中，提出了律师工作改革的指导思想是进一步解放思想，放手发展律师队伍，大胆突破用生产资料所有制模式以及行政级别制度套用律师机构的束缚，使律师队伍的数量和质量都有明显的改观，从而为逐步建立起有中国特色的自收自支、自负盈亏、自我发展、自我约束的律师工作制度和运行机制奠定了基础，也为律师事务所的体制改革和组建形式指明了方向。各地开始进行合伙形式和以个人名字命名的律师事务所的试点工作。合伙律师事务所的特征符合我国《中华人民共和国民法通则》关于合伙的规定，其特点是：由律师根据合伙协议，经司法行政机关批准设立；律师一律辞去公职，不再占用国家的行政编制或事业编制；开办费由个人筹集，风险由合伙人共同承担；收入归合伙人所有，律师个人之间是合伙关系，律师可以分红，可以在离开律师事务所时分割其应得财产。合伙律师事务所一经产生便发展迅速，到1997年底，全国8 384家律师事务所中已有1 581家占22.1%。1996年《律师法》第15条规定确立了合伙律师事务所作为我国律师事务所三种组织形式之一。为配合《律师法》的实施，司法部于1996年11月25日颁布了《合伙律师事务所管理办法》。根据上述法律规定，合伙律师事务所的合伙人自愿组合，由合伙人共同出资设立律师事务所，事务所的财产归合伙人共同所有，各个合伙人在律师事务所的财产中所占的份额，根据合伙协议约定。在合伙关系存续期间，合伙人的共同财产由律师事务所统一管理，未经合伙人会议同意，不得擅自分割。合伙人退伙或者被除名时，有权取得合伙协议规定的财产份额以及其他利益，并承担义务。但退伙时，应按约定的时间提前通知其他合伙人，协议没有约定的，应当提前3个月通知其他合伙人。合伙人死亡或被宣告死亡的，其合法继承人有权依合伙协议取得被继承人死亡时的合伙律师事务所中应当分割的财产，但合伙人其他权益不得继承。同时，合伙人也不得将其合伙财产份额转让给其他非合伙人。合伙人对律师事务所的债务承担无限责任和连带责任。当律师事务所给当事人造成损失，或律师事务所被解散、撤销时，合伙人以事务所的资产赔偿和清偿所有债务，剩余的财产按合伙协议在合伙人之间分配。事务所的资产不足以清偿的，以合伙人个人资产赔偿，赔偿时承担无限责任，合伙人之间承担连带责任。合伙律师事务所可以吸收新合伙人，应当与新合伙人签订书面协议，并报登记机关备案。

（三）个人律师事务所

个人律师事务所，也称以个人名义命名的律师事务所，或个体律师事务所，是律师事务所的一种组织形式，是由一个律师投资设立的律师执业机构，其名称是某省（直辖市或自治区）加投资律师个人名字再加律师事务所构成。投资不低于 10 万元，由投资律师个人对外承担无限责任。其法律性质类同于一人投资的企业，但不同于一个股东的一人公司。一人公司承担有限责任，不对公司债务承担责任。我国现行《律师法》第 16 条规定个人律师事务所的组织形式，个人律师事务所最早在海南省试点。现在北京、上海、广东、天津、吉林等直辖市和省份和其他较为发达的大中城市相继都开设了个人律师事务所。个人律师事务所在服务社区、方便群众方面作出了相当大的贡献，优势明显。

个人律师事务所源于西方发达国家，主要是基于个人和小商业者的需求。我国的绍兴师爷也可以说是个人律师事务所的渊源，但现代我国个人律师事务所的出现，与其说是经济发展的结果，不如说是我国律师职业现状的内在需求。有存在就有其合理性，我国现行《律师法》没有规定个人律师事务所的组织形式，但实际上个人律师事务所在我国早已存在。这个存在不仅仅指已领取个人律师事务所执照的律师所，还指那些虽然领取了合伙所执照的但实际上是个人律师事务所的律师所。众所周知，在我国大多的律师事务所都是几个人的小所，其中只有一两个人牵头，实际上与个人律师事务所没有多大的差异，只不过是由于现行《律师法》的规定必须有三个合伙人。也就是说，个人律师事务所在我国早已实际存在，这是在法律服务市场出现的社会现象。这一现象如何解释，只能说是社会发展的需要。从国际惯例看，个人开办律师事务所已成了普遍和通行的做法，允许个人开办律师事务所也是一种与国际接轨的做法。我国已批准美国等国家在内的十多家私人律师机构在我国设立办事分支机构，依照我国法律的规定，为该国的商贸机构提供法律服务，那么，本着平等对待的原则，我国应当允许自己的律师单独执业，开办个人律师事务所。

然而，个人律师事务所存在的弊端一是承担风险的能力较弱，二是不具备办理重大法律事务的能力。个人律师事务所的优势是显而易见的：一是成立方式灵活，能够解决律师数量少成立律师事务所困难的问题；二是能满足普通百姓日常的法律需求；三是减轻律师负担。一般的法律事务个人律师事务所基本上都能够办理，涉及重大法律事务，可以与其他律师合作。这种合作可能存在跨所执业的风险。为规避这种风险，可以分别签几份委托合同，各自开展的工作分别约定，既有分工，又有合作。在个人律师事务所遍地开花的同时，就面临着这种形式的事务所之间的激烈竞争。在这种激烈的竞争中，一部分个人律师事务所站稳了脚跟，业务突飞猛进，如果相关规定对个人律师事务所的规模有所限制的话，这部分个人律师事务所就不得不考虑采取另外的形式，比如重新找几个人合伙，或者找几个人挂名，成立合伙制的律师事务所，以规避法律对个人所的限制，以便使律师事务所获得更快更好的发展。但是，在现实生活中一部分个人所在竞争中举步维艰。一方面要承担因个人开所随之而来的高额费用，另一方面业务收入捉襟见肘。面对这种窘境，这部分律师就不得不考虑重新加盟到其他的合伙所之中。

第二节　律师事务所的成立和终止

我国地域辽阔，各地经济发展不平衡，对律师的需求量也不同。有的边远贫困地区，对律师的需求很少，而在经济较发达地区，社会对律师的需要又是供不应求。因此，成立律师事务所不宜一刀切，应当贯彻因地制宜、按需设置的原则。具体来讲，一方面通过法律明文规定律师事务所的设立条件，具备设所条件的可以申请成立律师事务所；另一方面规定了成立律师事务所的登记程序，使司法行政部门通过严格把关，以避免律师事务所管理混乱。目前，关于律师事务所的成立和终止问题，相关的法律法规主要有：《律师法》、《律师事务所管理办法》、《律师和律师事务所违法行为处罚办法》、《律师事务所年度检查考核办法》等。

一、律师事务所的成立条件

无论设立何种形式的律师事务所，都应当具备一定的条件。根据《律师法》第14条和《律师事务所管理办法》第6条的规定，设立律师事务所应当具备下列基本条例：①有自己的名称、住所和章程。②有符合《律师法》和《律师事务所管理办法》规定的律师。③设立人应当具有一定的执业经历并能够专职执业的律师，且在申请设立前3年内未受过停止执业处罚。④有符合《律师事务管理办法》规定数额的资产。

此外，《律师法》还对设立合伙律师事务所和个人事务所所作了特殊规定。设立合伙律师事务所，除了应当符合《律师法》

第 14 条规定的条件外，还应当有 3 名以上合伙人，设立人应当是具有 3 年以上执业经历的律师。《律师事务所管理办法》对设立"普通合伙律师事务所"和"特殊的普通合伙律师事务所"的条件作了进一步的规定。其第 7 条规定，设立普通合伙律师事务所，还应当有书面合伙协议；有 3 名以上的合伙人作为设立人；设立人应当具有 3 年以上执业经历并能够专职执业的律师；有人民币 30 万元以上的资产。第 8 条规定，设立特殊的普通合伙律师事务所，还应当有书面合伙协议；有 20 名以上的合伙人作为设立人；设立人应当具有 3 年以上执业经历并能够专职执业的律师；有人民币 1000 万元以上的资产。

《律师法》第 16 条规定，设立个人律师事务所，除应当符合本法第 14 条规定的条件外，设立人还应当具有 5 年以上执业经历的律师。《律师事务所管理办法》第 9 条规定，设立个人律师事务所，设立人还应当是具有 5 年以上执业经历并能够专职执业的律师；有人民币 10 万元以上的财产。

二、律师事务所的成立方式

（一）律师事务所的审核机关

律师事务所的审核机关为省、自治区、直辖市以上人民政府司法行政部门，即司法部和各省、自治区、直辖市人民政府司法行政部门，其他任何单位、部门无权审核。

（二）律师事务所的申办程序

关于申办程序，申请设立律师事务所，应当向律师事务所住所地的司法行政机关提交申请材料。住所地的司法行政机关应当在 15 日之内初查完毕，并逐级上报至省、自治区、直辖市司法厅（局）。必要时，省、自治区、直辖市司法厅（局）也可以直接接受申请材料。省、自治区、直辖市司法厅（局）应当在收到申请材料和审查意见书之日起 30 日内进行审查。对于符合条件的，作出准予登记的决定；对于不符合条件的，作出不予登记的决定，并书面通知申请人。申请人对不予登记的决定不服的，可在收到通知之日起 15 日内，向司法部申请复议。

（三）成立律师事务所应提交的材料

根据法律规定，申请人申请成立律师事务所应当提交以下材料：

①申请书；②律师事务所的名称、章程；③律师的名单、简历、身份证明、律师执业证书；④住所证明；⑤资产证明；⑥设立合伙律师事务所，还应当提交合作协议。

（四）律师事务所章程

根据《律师事务所管理办法》第 14 条规定，律师事务所章程应当包括下列内容：律师事务所的名称和住所；律师事务所的宗旨；律师事务所的组织形式；设立资产的数额和来源；律师事务所负责人的职责以及产生、变更程序；律师事务所决策、管理机构的设置、职责；本所律师的权利与义务；律师事务所有关执业、收费、财务、分配等主要管理制度；律师事务所解散的事由、程序以及清算办法；律师事务所章程的解释、修改程序；其他需要载明的事项。设立合伙律师事务所的，其章程还应当载明合伙人的姓名、出资额及出资方式。律师事务所章程的内容不得与有关法律、法规、规章相抵触。

三、律师事务所分所的设立

1986 年，司法部在《关于法律服务机构若干问题的暂行规定》中曾规定法律顾问处不得设立分支机构，但随着形势的发展变化，这一规定与社会对律师服务的需求越来越不相适应。因此，1991 年司法部又在《关于律师工作进一步改革的意见》

中规定，允许大中城市专业律师事务所在征得当地司法厅（局）同意的情况下，到经济开发区、保税区设立分所。大中城市律师事务所，经司法厅（局）同意，可以到老少边穷地区设立分所。1993 年司法部《关于律师改革的方案》鼓励和推动律师事务所打破地域界限，跨省、跨地区设立分支机构，同时经过试点和严格审批后，允许有条件的律师事务所在国外、境外设立分支机构。1994 年 7 月，司法部颁发的《律师事务所设立分所管理办法》对律师事务所设立分所的条件作出具体规定。

根据《律师法》及《律师事务所管理办法》的规定，成立 3 年以上并具有 20 名以上执业律师的合伙律师事务所，可以设立分所。设立分所，须经拟设立分所所在地的省、自治区、直辖市人民政府司法行政部门审核。分所应当具备下列条件：①有符合《律师事务所名称管理办法》规定的名称；②有自己的住所；③有 3 名以上律师事务所派驻的专职律师；④有人民币 30 万元以上的资产；⑤分所负责人应当具有 3 年以上的执业经历并能够专职执业，且在担任负责人前 3 年内未受过停止执业处罚的律师。

（一）设立律师事务所分所的程序

律师事务所设立分所，须经拟设立分所所在地的省、自治区、直辖市人民政府司法行政部门按规定的条件审核。申办分所的律师事务所应当向分所所在地（市、县）司法局提交申请书；分所名称（应是本所名称后加分所所在地的地名，再加"分所"）、组织机构、业务范围和管理章程；派驻分所的执业律师名单、简历、居民身份证及其律师执业证的复印件；律师事务所向分所负责人出具的授权委托书；分所的执业场所证明和资金证明；由接受申请的市、县司法局应当在 30 日内提出意见，并报送省、自治区、直辖市司法厅（局）审核。省、自治区、直辖市司法厅（局）应当在收到申请材料之日起 30 日内作出准予登记或不予登记的决定。通知报送的司法局和提出申请的律师事务所，并抄送律师事务所住所地的省、自治区、直辖市司法厅（局）。律师事务所应当在收到准予登记通知之日起30 日内办理分所的开业登记。登记机关应当在 7 日内办理完毕，并颁发律师事务所分所执业证，同时将派驻分所律师的执业证书更换为分所住所地的律师执业证书。

（二）律师事务所在国外设立分支机构

2009 年《司法部关于废止十二部门规章的决定》申请在外国设立分支机构的律师事务所，应具备以下条件：①设立时间满 2 年；②有执业律师 10 人以上，其中能熟练运用外国语工作的不少于 3 人；③在提出申请之日前 2 年内未受过惩戒处分；④具有相应的经济实力和办公通信设备和其他开展涉外法律服务业务的条件。律师事务所委派驻外分支机构的律师，应具备以下条件：①具有良好的政治素质和职业道德，在执业期间未受过惩戒处分；②在国内连续执业 2 年以上；③具有承办涉外法律事务的业务能力，了解拟驻在国的法律；④能熟练运用拟驻在国语言工作。关于律师事务所在外国设立分支机构的程序。律师事务所在外国设立分支机构，须经所在地的省、自治区、直辖市司法厅（局）审核，并报司法部批准。司法部应作出批准或不批准的决定。获准在外国申请设立分支机构的律师事务所，在依照驻在国规定获准执业后的 30 日内，应将该国有关部门的批准文件（副本）和驻外分支机构的名称、派驻人员、执业场所、通讯方法等情况书面报所在地省级司法行政机关，并由其报司法部备案。

四、律师事务所的终止

律师事务所终止的事由包括：①律师事务所因违反法律、

法规，违反律师执业纪律和律师管理制度，被省、自治区、直辖市司法厅（局）吊销执业证书；②律师事务所解散。事务所解散的原因很多，如合作律师事务所、合伙律师事务所因故无法维持而申请解散；合伙律师事务所出现合伙人不足 3 人且未在 3 个月内补齐；合伙人会议决定解散；出现合伙协议或律师章程规定的终止事由；或出现法律、法规规定的应予解散的其他情形等等。

　　律师事务所有上述情形的，应当按规定成立清算组，对律师事务所的财产进行清算。司法机关应当对清算活动进行监督，必要时可指派人员参加。律师事务所在清算期间其律师不得执业。尚未办结的法律事务，由律师事务所和委托人协商解决。律师事务所终止业务活动，须报经原登记部门批准，办理注销登记，由司法行政机关收回该律师事务所的执业证书、该所公章、财产账簿、业务档案及律师的律师工作执照。

第三节　律师事务所的自律管理

　　随着社会主义市场经济的逐步建立和完善，我国律师事务所的发展取得了丰硕的成果，满足法律服务需要的律师及律师事务所的数量不断增加，同时律师事务所之间相互竞争也愈加激烈，生存和发展成为每个律师事务所不容回避的问题。律师事务所如何根据自身的特点，加强和健全内部的管理机制是关系律师事务所存亡的关键。我国律师事务所在不断发展的过程中，在建立、完善律师事务所的领导机构和工作制度方面积累了许多经验，形成了一些符合我国国情、富有成效的做法，但与发达国家相比，还存在一些差距，主要表现在缺乏自律性和规范性上。

一、律师事务所内民主管理

律师事务所是由众多律师组成的法律服务机构，一个有序化的机构需要公民的决策机构。根据民主管理的原则，我国律师事务所的决策机构是由全体律师组成的律师会议。因事务所的性质不同，律师事务所决策机构的名称和组成人员也有所不同。国资律师事务所的决策机构是律师会议，由全体专职律师及其化在编在职人员组成。合伙律师事务所决策机构是合伙人会议，由全体合伙人组成。合作律师事务所的决策机构是合作人会议，由全体合作人组成。合作人会议由律师事务所主任召集，实行少数服从多数的原则，讨论和表决关系到全所发展的重大事宜，主要包括：①律师事务所章程的制定和修改；②业务计划的制定；③选举和罢免主任；④重大财务支出及大型固定资产的处分；⑤律师人员的聘请及辞退；⑥提出收入分配方案或修改意见；⑦辅助人员工资标准的制定；⑧审核财务预决算；⑨规章制度的制定；⑩其他重大事项。律师事务所采取主任负责制，事务所主任是律师事务所的法定代表人。律师事务所主任主要由决策机构民主选举产生，并报设立机关审核。律师事务所主任执行决策机构的决议，管理律师事务所的日常事务，对外代表律师事务所参加各种活动，其主要职责有：主持律师事务所日常工作，负责本所的思想政治工作及律师职业道德或执业纪律的教育和检查；监督管理本所各项规章制度的执行情况；组织本所法律服务质量的自查和对法律顾问单位的回访及重大疑难案件的集体讨论；聘任和解聘业务部门的负责人；主持事务所的各种会议；批准一般性的财务开支；在紧急情况下，对重大事务作出临时决定；等等。

二、律师事务所内业务管理

律师开展律师业务是律师事务所的核心工作，所有的活动都必须围绕这个中心，因此律师事务所内部建立一整套科学合理的业务管理制度，使各项律师工作能高质量、高效率的展开，是事务所生存和发展的关键。

1. 统一收案制度。收案是任何形式的律师事务所开展业务工作的第一步。《律师法》第 25 条明确规定，律师承办业务，由律师事务所统一接受委托。通常律师事务所设专门人员负责审查案件，对符合收案条件的应及时收案，并办理委托手续，进行立案登记，指派律师承办。任何律师不能私自收案，由律师事务所与委托人签订书面委托合同，按照国家规定向当事人统一收取费用。

2. 案件讨论制度。一般情况下，律师事务所对承办律师的办案并不加干涉，但对一些案情复杂、难度较大的案件，律师事务所根据承办律师的要求组织律师集体讨论，以集思广益，共同解决案件的重大疑难问题。这种制度可以有效地保证律师业务质量，防止和减少发生重大差错，不仅对律师提供优质法律服务，树立良好社会形象有帮助，而且对全体律师业务水平和实际工作能力的提高有益。

3. 请示汇报制度。这一制度包括两方面的内容：一方面，律师在执行职务中遇到重大、复杂问题，应及时向主任或副主任汇报；另一方面，律师事务所在一些重大问题上，如内部管理机制改革、业务开拓计划等，应及时向司法行政部门和律师协会请示汇报，争取得到指导和监督。这对保证律师事务所的健康发展、不断前进至关重要。

4. 工作总结制度。即要求律师在办结承办的案件后要及时做好总结，写出结案报告，以便总结业务实践经验的制度。坚持一案一总结，能够找出成功或者失误的原因，有利于积累经验，改进工作；组织律师进行专题总结和年终总结，有利于提高律师的素质和业务能力，从而促进律师业务深入开展，优化法律服务。因此，这项制度应继续坚持，并使之逐步深化。

三、律师事务所的分配制度管理

分配制度是律师事务所的主要制度，也是律师最关心的制度，其不仅关系到律师事务所的命运与前途，而且与律师的经济利益密切相关。我国从律师制度恢复时起至 20 世纪 90 年代初期，律师工资、奖金的发放同司法行政工作人员基本上是一样的。随着近几十年来我国经济体制改革的不断深入，律师事业得到了蓬勃发展，律师事务所的种类由单一走向多元化，律师分配制度也在经历多次变革之后出现了多种形式：一是按照固定的比例从收费中提成归律师个人，其余由律师事务所支配；二是采取股份合作制，实行按劳分配和股份分红相结合；三是设立律师个人收入账，除去公用部分外为律师个人所有；四是实行固定工资加奖金制。

律师事务所如何合理地分配收入对吸引人才、稳定人才，促进律师事务所的发展有着重要的意义。律师事务所的分配制度应坚持以下原则：①按劳分配的原则。按劳分配原则是律师事务所分配所应遵循的首要原则，在按劳分配的基础上再适当考虑律师的入股分红问题；②国家、律师事务所、律师个人利益兼顾的原则。律师依法为社会提供法律服务并取得相应的收入，这是无可厚非的法律秩序。

第四节　我国律师管理体制

一、我国律师管理体制概念

我国《律师法》在总则第 4 条明确规定："司法行政部门依照本法对律师、律师事务所和律师协会进行监督、指导。"按照职责分工，国务院司法行政部门即司法部是主管全国律师工作的职能部门，县级以上地方各级人民政府司法行政部门是主管本行政区域的律师工作的职能部门，它们各自依照法律、法规、规章的规定以及职权分工，直接对律师事务所实施行政管理，例如对律师事务所的设立进行审核登记，受理审核登记复议申请，办理变更登记、注销登记，对律师事务所进行年检，对律师事务所的违法违纪行为给予查处。

二、律师管理体制的特征

律师管理体制是国家对律师及律师工作实施领导、监督、指导的工作体系、职责划分、运行机制的制度总和。律师管理体制是我国律师制度的重要组成部分，也是律师制度得以实施的保障和组织基础。其特征有三：第一，律师管理体制直接反映统治阶级对律师业的发展及其服务的要求，体现了明显的国家意志；第二，律师管理体制适应社会经济、文化的发展，特别是适应法治建设的发展需要适时进行调整，不是一成不变的；第三，律师管理体制的设计立足于律师业的发展水平，并充分保障和促进律师业的健康发展。

三、我国律师管理体制的演进

我国律师管理体制自新中国律师制度设立以来，大体经历三种形态。

（一）单一的行政管理体制

主要是在建国初期和律师制度恢复之初。1950 年 12 月，中央人民政府司法部发出了《关于取消黑律师及讼棍事件的通报》，宣布取缔了旧中国的律师制度。1954 年 7 月，司法部又发出《关于试验法院组织制度中几个问题的通知》，指定北京、上海、天津、重庆、武汉、沈阳等大城市率先进行法律顾问处试点。这一时期的法律顾问处都在大中城市设立，隶属于律师协会管理，律师协会设在司法行政机关内，同时没有全国性律师协会，律师是国家干部。这种管理体制从形式上看，虽然律师协会直接管理律师，但不是带有自律性的行业管理，而是行政的管理。1979 年 7 月，第五届人大二次会议通过《刑事诉讼法》，对辩护列出专章规定，为律师制度的恢复提供了法律依据。1980 年 8 月，第五届人大常委会第十五次会议通过《律师暂行条例》，规定律师的执业机构是法律顾问处，法律顾问处受司法行政机关组织和领导，法律顾问处按行政区划设立，为国家事业单位，律师为国家法律工作者。《暂行条例》也对律师协会作了专门规定，第一次从法律上确立了律师协会作为律师行业性组织的地位、组织机构和作用，不再沿用建国初期律师协会隶属于司法行政机关的做法。但由于当时律师制度处于恢复重建时期，全国律师数量不多，普遍建立律师协会的条件尚不成熟，已经建立的律师协会多是设在司法行政机关的律师管理部门内，与律师管理部门"一套人马、两块牌子"，律师协会的领导大多由司法行政的领导兼任，不能独立发挥行业管理职能。这种体制大约延续到 20 世纪 80 年代中期。

（二）司法行政主导律师协会辅助的管理模式

到 20 世纪 80 年代中期，律师制度恢复重建工作基本完成，全国县一级行政区域普遍建立了法律顾问处（后更名为律师事务所），律师队伍有了空前的发展。1986 年 7 月，第一届全国律师代表大会在北京召开，正式成立了中华全国律师协会，通过了《中华全国律师协会章程》，确立了律师协会具有律师业务指导、工作经验交流、维护律师合法权益等九项职能，成为律师协会参与律师行业管理的重要里程碑。自此，律师管理体制在《律师暂行条例》确立的单一行政管理格局的基础上又增加了律师协会行业管理的份额。但这个时期，律师资格考试与授予、律师执业证的颁发、律师事务所的审批、律师发展政策的制定等管理工作中实质性内容仍保留在司法行政机关，律师协会的主要领导也由司法行政机关的领导兼任。律师协会在律师管理体制中仍处于从属的地位，行业管理的职能并不明显。

（三）"两结合"型的管理格局

所谓"两结合"型的管理格局，即司法行政机关监督、指导下的"两结合"管理体制。1986 年到 1993 年期间，各地律师协会有了很大发展，内部建设力度加大，在律师管理活动中更积极、更主动，行业管理的作用日益显现。在邓小平同志南巡谈话掀起的新一轮改革热潮推动下，1993 年 12 月国务院办公厅批转了《司法部关于深化律师工作改革的方案》，该《方案》就律师管理体制做了如下表述："从我国国情和律师工作的实际出发，建立司法行政机关的行政管理与律师协会行业管理相结合的管理体制。经过一个时期的实践后，逐步向司法机关宏观管理下的律师协会行业管理过渡。"并以此，对司法行政机关和律师协会的职能做了划分。这个《方案》首次提出"律师协会应由执业律师组成，领导成员由执业律师中选举产生。"1995 年 7 月，在第三次全国律师代表大会上，司法部对全国律师协会进行了重大改革，按照《方案》的规定，全体理事、常务理事、会长、副会长均由执业律师担任，司法行政机关的负责同志不再兼任职务。律师协会机关作为全国律师协会的办事机构实行秘书长负责制。律师协会履行行业管理职能实现了由理论向实践的跨越。1996 年 5 月，第八届人大常委会第十九次会议通过的《律师法》进一步明确了司法行政机关"对律师、律师事务所和律师协会进行监督、指导"和"律师协会是社会团体法人，是律师的自律性组织"这样一个职能格局，简称"两结合"。应当说，这个模式自从提出后一直在探索中，传统的行政管理为主的主张和理想中的行业管理的主张也一直在争论中，仁者见仁、智者见智，各地的做法也不尽一致。2003 年 9 月司法部副部长赵大程在全国律师管理处长培训班上，就这个问题传达了司法部的态度，指出"我国的律师管理体制就是'两结合'的体制"，从而结束了向"行业管理"过渡的提法。

四、司法行政机关的管理职能

（一）政府管理律师行业的职能部门

司法行政机关是政府管理律师行业的行政职能部门，司法部是国务院及地方各级政府管理律师行业的职能机关。其依据：①《律师法》第 4 条明确规定："司法行政部门依照本法对律师、律师事务所和律师协会进行监督、指导。"该法同时规定了司法行政机关管理律师工作的具体职能。②国务院 1998 年 6 月批准的《司法部职能配置、内设机构和人员编制规定》中"主要职责"第 5 项规定："指导监督律师、法律顾问、法律援助工作和公证机构及公证业务活动。负责委托香港特别行政区和澳门地区公证律师办理公证事务。"并设立律师公证工作指导司管理全国的律师、公证、法律援助和社会法律服务机构。司法行政机关的管理是代表国家对律师行业实施的管理，是律师管理构架的核心，是依法授权的管理，其性质属公权力。她所代表的是社会的公众利益。

（二）司法行政机关管理律师行业的组织架构

我国司法行政机关管理律师的组织是四级架构，即中央、省、市、县四级政府中设立的司法行政部门，中央一级为中华人民共和国司法部，其职能部门是律师公证工作指导司；省、自治区、直辖市一级为司法厅（局），其职能部门是律师管理处或律师工作管理处（少数地方为律师公证管理处）；市、地、州一级为司法局，其职能部门是律师管理科（处）；县、市、区一级为司法局，其职能部门有的设立独立的管理科室，有的合并设立，有的没有具体的管理部门。目前，乡镇一级虽设立司法所，但不承担律师管理的职能。

（三）司法行政机关管理的律师职能

自 1993 年 12 月国务院办公厅批转了《司法部关于深化律师工作改革的方案》以来，司法行政机关管理律师的职能便逐步从微观向宏观转变，律师管理部门同律师协会之间的职能多次进行微调，几乎每次全国司法厅（局）长会议的领导讲话中都有关于律师管理职能调整的内容。1996 年 5 月颁布的《律师法》规定，司法行政机关在对律师、律师事务所、律师协会进行监督、指导外，行使以下职权：组织律师资格统一考试，审核授予律师资格证书、律师执业证书、律师事务所执业许可证书，批准设立分所，组织开展法律援助，对律师违反职业道德执纪律行为进行监管和处罚。到 2002 年 1 月，在《司法部关于召开第五次全国律师代表大会的通知》中对司法行政机关管理职能作了四条界定：一是制订律师行业的宏观发展政策，通过制订规章、规范性文件，指导、推动律师行业健康发展；二是实施资质管理，通过行使资格授予、批所颁证、吊销执业证书职能，对律师行业进行调控；三是对法律服务市场进行监管和对律师协会进行监督、指导；四是协调有关部门，制订配套政策，协调、改善律师执业环境。后来被归纳为"市场规则、市场准入、市场监管、市场环境"四项职责。尽管之后又有一些变化，但这个格局并没有改变。

五、律师协会的管理职能

（一）律师协会是行业自律性组织

《律师法》第43条规定："律师协会是社会团体法人，是律师的自律性组织。"这一规定有三层含义：一是明确了律师协会的团体法人地位，既区别于建国初期律师协会隶属于司法行政机关的做法，又不同于《律师暂行条例》"律师协会是社会团体"的规定，其职能更独立，责任更明确，法律地位更高；二是赋予了律师协会参与律师行业管理的职能；三是界定了律师协会管理的性质，即自律性管理，行使的是私权力。它所代表的是律师行业的公共利益。

（二）律师协会的组织架构

目前，我国的律师协会均是依据《律师法》设立的，具有行业管理职能的、单一形式的行业协会。律师自获得执业证始，就是当然的律师协会会员，并且必须接受其管理和监督，这一点是不同于西方国家的。

律师协会的领导机构——理事会由律师代表大会选举产生，每届任期三年，律师协会的会长、副会长、常务理事由理事会选举产生，届期与理事会同步。律师协会实行议行分开的体制，律师代表大会及其理事会、常务理事会是权力机构，讨论决定律师事业发展中需要通过行业自律管理解决的重大问题；律师协会秘书处作为律师代表大会的日常办事机构，负责组织落实律师代表大会、理事会、常务理事会做出的决议和决定，并负责向律师代表大会、理事会、常务理事会报告工作。律师协会秘书处实行秘书长负责制。

由于受律师业的发展水平限制，目前，我国的律师协会实行的是三级架构。即，中央、省、市三级，中央一级称中华全国律师协会，省、自治区、直辖市一级称××省（区、市）律师协会，市、地、州一级根据需要可以设立律师协会，称××市（地、州）律师协会。下级律师协会是上级律师协会当然的团体会员，接受上级律师协会的领导、监督。

由于历史的原因，加之律师业发展水平的限制，目前，相当一部分地方的律师协会还是国家事业单位，由政府给编制，司法行政机关管干部，所需经费列入财政预算。这种做法在律师业发展初期对于扶持律师业的行业管理，强化其职能是发挥了重要作用的，但也极易扭曲律师协会的性质，把律师协会当成了司法行政机关管理律师的另一个部门。

（三）律师协会的职能

律师协会作为律师的自律性组织，《律师法》第 40 条规定有如下职能：

（1）保障律师依法执业，维护律师的合法权益；

（2）总结、交流律师工作经验；

（3）制定行业规范和惩戒规则；

（4）组织律师业务培训和职业道德、执业纪律教育，对律师的执业活动进行考核；

（5）组织管理申请律师执业人员的实习活动，对实习人员进行考核；

（6）对律师、律师事务所实施奖励和惩戒；

（7）受理对律师的投诉或者举报，调解律师执业活动中发生的纠纷，受理律师的申诉；

（8）法律、行政法规、规章以及律师协会章程规定的其他职责。

律师协会制定的行业规范和惩戒规则，不得与有关法律、行政法规、规章相抵触。

2002年1月，《司法部关于召开第五次全国律师代表大会的通知》中，对律师协会的职责又做了这样的表述："律师协会要加强自身建设，尽快担负起行业自律管理职责。律师协会应抓好以下工作：一是制订行业规范和行业管理政策；二是抓好律师的再教育工作；三是负责律师维权工作；四是对会员进行管理。主要包括：会员登记，律师事务所、律师的年检注册，指导律师事务所的建设，律师间、律师与当事人间纠纷的调处、律师的日常教育等；五是对律师事务所、律师违法违规行为进行调查和处分；六是开展国际交流和合作；七是加强与有关部门的联系，推动律师业务的开拓和律师作用的发挥；八是完成司法行政机关委托、交办的事宜。"其后，鉴于公权力的属性问题，司法部对律师事务所和律师年检注册的职能划分问题，不再提硬性要求。

（四）律师协会的职责

《中华全国律师协会章程》第六条规定，律师协会履行下列职责：

（1）保障律师依法执业，维护律师的合法权益；

（2）总结、交流律师工作经验；

（3）制定行业规范和惩戒规则；

（4）组织律师业务培训和职业道德、执业纪律教育，对律师的执业活动进行考核；

（5）组织管理申请律师执业人员的实习活动，对实习人员进行考核；

（6）对律师、律师事务所实施奖励和惩戒；

（7）受理对律师的投诉或者举报，调解律师执业活动中发生的纠纷，受理律师的申诉；

（8）法律、行政法规和规章规定的其他职责。

由此可见，司法部在支持和推动律师协会自律管理，强化其管理职能方面一直是积极扶持并充满期望的，律师协会的职能也国家的重视支持下逐步得以加强。

六、"两结合"管理体制的权能

（一）目的是充分发挥行业管理的职能作用

传统单一的行政管理的体制虽然在律师制度之初对于推动律师制度的恢复起到了重要作用，但随着律师业的发展，这种单一的职能结构越来越不适应事业发展的需要：一是司法行政机关与律师之间这种管理与被管理的关系很难充分调动广大律师参与管理和建设的积极性；二是受权利性质的限制，律师业在发展过程中需要调整和保护的公共利益单靠司法行政机关的行政管理职能是无法实现的；三是在市场经济条件下，律师事务所和律师作为独立的市场主体有其相对独立的权利义务，司法行政机关没有权力也没有必要去包办。同时，律师业的国际交流与协作多为民间行为，政府不便出面。基于这种情况，司法部从律师业发展的全局出发提出充分发挥律师协会行业管理职能，建立"两结合"的律师管理体制的改革目标。由于传统的管理体制是司法行政机关一权独揽，所以实现"两结合"的改革实际上是司法行政机关权利自觉让渡的过程。这个让渡主要体现三个方面，一是组织权利，即司法行政机关的领导不再担任律师协会的负责人；二是机构设立，即律师协会秘书处要与律师管理部门分开，结束"一套人马，两块牌子"的状态；三是管理职能，即把司法行政机关的现有职能划出一块给律师协会。"两结合"一经提出便引发了一场律师管理体制和管理理念的重大变革，变革的关节点就是如何划分职权，如何把属于律师协会的行业管理职能回归给律师协会，使其履行起行业管理的职能，把司法行政机关从包办式管理中解脱出来，实现宏观管理。

（二）"两结合"体制的作用是提高效率

自 1993 年"两结合"提出以来，这项改革一直在努力探索中。1995 年第三次全国律师代表大会首次实现由理事会选举的执业律师担任会长、副会长、常务理事，司法行政机关的领导不再兼任律师协会的领导职务，律师协会机关实行秘书长负责制。之后，北京、上海等发达地区相继效仿，开了执业律师当律师协会领导这一先河。2002 年 1 月，《司法部关于召开第五次全国律师代表大会的通知》中明确要求："省、自治区、直辖市律师协会凡没有与司法行政机关分开的，要在 4 年内完全分离，彻底改变'一套人马，两块牌子'的做法。尚未实现由执业律师担任领导的，也必须加大改革步伐。今后，各级律师协会的会长要由执业律师担任，常务理事中执业律师人数不得少于70%。各省、自治区、直辖市律师协会换届时，非执业律师不得再担任律师协会的正、副会长。"（这个提法在后来的实践中有了重大变化）到 2005 年底，从组织和机构建设上看，全国多数省一级的律师协会实现了执业律师担任会长，市（地、州）一级律师协会中也有部分地方由执业律师担任会长；省、自治区、直辖市律师协会与律师管理处合署办公或律师处长秘书长由一人兼任的约有六七个。但市（地、州）基本上还是合署办公；已经独立的律师协会有的实行了秘书长负责制，有的实行会长驻会制。从职能建设上看，律师协会除继续履行业务培训、对外交流、维权职能外，开始负责律师事务所日常管理、律师投诉受理、律师对外宣传、律师行业的表彰、律师队伍党建等过去由司法行政机关管理的工作，有的地方还接受委托负责律师事务所和律师的年检注册工作，其职能得到了空前的强化，在律师业发展中的作用也越来越突出。

但在改革过程中也逐渐暴露出一些问题。主要表现在职能冲突、职能不全、职能错位三个方面。司法行政机关的宏观管理职能缺乏制度上保证，律师协会的行业管理职能尚不周延，司法行政的包办代替和律师协会热衷行政管理权的现象多有发生。继律师产权制度改革之后，如何处理好"两结合"的问题成为当前律师业普遍关注的热点问题。从理论上讲，司法行政机关作为政府主管律师的部门，其职能应当是全方位的，即不论是律师的资格授予、批所颁证、年检注册，还是律师业务指导、执业行为监督；不论是政府的行业发展规划，还是律师协会的行业规范，司法行政机关都能管，也应当管，只是互相间的侧重不同而已。但我们却把司法行政机关中律师管理部门的具体职能与司法行政机关的总体职能等同起来了，进而形成了水平分工格局，恐怕是这个问题的根源所在。正如有的人士提出的，把公权力同私权力结合在一起的这种提法应当慎重。

（三）健全机制是实现"两结合"的重要途径

就目前"两结合"格局而言，在机构分设的地方，要想发挥其合力起码要建立三个工作机制。一是决策的会商机制。司法行政机关和律师协会在做出重大决策之前，要对决策事项和决策理由事先通报，相互征求意见，对存在分歧的问题除特殊情况一般不要急于做出决定。律师协会出台的重要文件和决定必须事先征得司法行政机关的同意，必要时，应由司法行政机关批转。二是情况通报机制。司法行政机关和律师协会之间要建立工作情况定期通报机制，相互掌握工作动态，便于工作协调，减少碰车，避免管理资源的浪费。三是信息资源共享机制。需要强调的是，这三个机制必须由司法行政机关的律师管理部门和律师协会的秘书处共同来完成，而不能以司法行政机关和律师协会领导人之间的沟通来取代。

在律师管理体制之外还有个律师管理体系，这个体系除了司法行政机关的行政管理和律师协会和行业管理外，还包括，诸如税务、物价、民政、人事等社会综合管理部门的管理以及律师事务所的自律性管理，这些管理要素对于律师业的发展都是十分重要的。司法行政机关对律师事务所直接施行行政管理的制度，体现了社会需要，对其实施社会管理职能，以维护、规范律师业正常秩序的需求，同时也促进了律师事务所乃至整个律师业健康有序的发展。

七、我国律师管理制度的展望

我国律师管理体制是随着我国的律师制度的成长而逐步发展的，它大致经历了以下两个阶段：

（一）单一的司法行政管理体制

依据 1954 年《宪法》规定被告人有权获得辩护，新中国的律师制度才真正建立起来。当时律师的执业机构为法律顾问处，法律顾问处的上级单位是律师协会，律师协会设在司法行政机构内。律师协会负责法律顾问处的设立和撤销等管理工作，对律师业务进行指导和监督，对律师进行日常管理。1956 年，中央人民政府司法部要求各地律师协会统一称作律师协会，对律师工作实施管理，但当时没有成立全国性的律师协会。律师是国家工作人员，受律师协会直接领导，律师协会隶属司法行政机关。从当时的这些规定可以看出，一方面是律师协会直接管理律师，一方面是律师协会隶属司法行政机关，实际上导致司法行政机关在涉及律师工作的各方面都享有直接管理权，因而这并不是行业自律性质的管理，只能是行政性质的管理。这种单一的行政管理体制，是适应当时国家统一的行政管理体制的，并在建国伊始对废除国民党律师制度、建立社会主义律师制度发挥了积极的作用。但是，随着十一届三中全会后形势的变化，随着国家民主、法制建设的加强，律师制度的重建和管理制度的改革又被提上日程。1980 年《律师暂行条例》为律师管理提供了法律依据。该法规定，律师执业机构是法律顾问处，法律顾问处受司法行政机关的组织和领导；它还对律师协会作了专门规定，抛弃了建国初期将律师协会隶属于司法行政机关的做法，第一次从法律上确立了律师协会作为律师行业性组织的地位和作用。但是，由于条件的限制，律师协会没有在全国普遍建立，各地已经建立的律师协会也往往设在司法行政部门内，律师行政管理与律师行业管理"一套人马，两块牌子"，因此归根结底还是一种单一的司法行政管理体制。

（二）行政管理与行业协会"两结合"的管理体制

1986 年 7 月，第一届全国律师代表大会在北京召开，正式成立了中华全国律师协会，并根据《律师暂行条例》制定了律师协会章程。从该章程的规定来看，律师协会的职责主要是对律师的业务指导、工作经验交流和维护律师合法权益，而诸如律师资格的考试与授予、律师执业证书的颁发、律师事务所的审批等实质性的管理权力则仍然归于司法行政机关，就连律师协会的主要领导也往往由司法行政机关的领导兼任。这段时期律师协会在律师管理体制中处于辅助地位，行业管理的职能依然不明显。1993 年 12 月，国务院办公厅转批了《司法部关于深化律师工作改革的方案》（以下简称《方案》），《方案》指出，"从我国的国情出发和律师工作的实际出发，建立司法行政机关的行政管理与律师协会行业管理相结合的管理体制。经过一个时期的实践后，逐步向司法机关宏观管理下的律师协会行业管理制度过渡。"1996年的《律师法》继续体现了这种"两结合"的管理体制，第一次以法律形式将司法行政机关监督指导和律师协会行业管理相结合的管理体制固定下来。然而，当时有的学者却坚持认为提"律师的行业管理"是错误的，因为"中国律师不是自由职业者，不是个人或合伙开业，实行律师行会管理脱离了中国基本国情，在理论上是行不通的，在实践上是有害的，实际上会削弱管理工作，不利于律师事业的发展，最终损害整个人律师事业。""两结合"的管理体制是在市场经济条件下顺应主体多元化和竞争市场化的大势，是更好地体现效率与公平、引导人才资源合理配置的有效机制，行业管理是律师管理体制变化的内在动力。目前的问题并不在于要不要行业管理，而是在行政管理和行业管理的结合中两者的比重问题。事实上，当前所谓的"两结合"确切地说是"行政管理为主、行业管理为辅"模式，行业管理的作用没有完全发挥出来，离司法部提出的"司法机关宏观管理下的律师协会行业管理制度"尚有较大距离。这种以行政管理为主的"两结合"模式，并不是改革的最终目标。

八、我国律师管理体制的发展趋势

纵观国外律师管理体制，大致上有两种类型：一种是司法行政机关监督、指导下的律师协会管理体制；另一种是律师协会行业管理。世界上大多数国家采用的律师管理体制是后一种模式。这种管理方式的优点可以归纳为以下几点：

第一，由于律师协会是独立的法人团体，是自律性行业组织，因此较少受其他行政团体等的干预，权力行使的独立性强，有利于保证管理工作的规范和权力行使的公正。

第二，律师协会的会员都是由律师组成，律师协会权力体现律师的意志，因此律师协会职责的规定和权力的运用比较符合律师行业的特点，可以做到科学、合理，具有很高的权威性，易为广大律师接受。

第三，律师协会管理方式比较灵活，给律师自由活动的空间大，有利于律师自主开展业务，不会因管理而影响律师的正常执业。

律师管理体制是属于上层建筑的法律制度的一部分，它受制于特定时期的经济基础。从我国律师管理体制改革的历程可以看出，单一的行政性管理符合当时传统计划经济体制下的国家管理模式，也是与当时律师制度的总体设计相适应；而以行政机关管理为主的"两结合"也能在过渡性的"有计划的商品经济"时期发挥较大的作用。

在当今市场经济条件下，这种管理体制却开始显得不合时宜。以行政机关为主导的律师管理体制虽然在某种程度克服了单一行政管理的一些弊端，但仍然较大地抑制了律师协会应有的作用，阻碍了律师业自主发展的步伐。特别是20世纪90年代以来，随着社会主义市场经济的发展，社会对法律服务的需求越来越多，律师的素质越来越高，律师行业逐渐成为一个自由度大、自律性强、社会敏感度高的行业；在建设社会主义法治国家的背景下，律师的社会功能不断增强，律师社会角色和行政管理的悖论愈加凸显。随着中国加入WTO，律师业的蓬勃发展将使得律师自治管理的条件渐趋成熟，《司法部关于深化律师工作改革的方案》提出的"经过一个时期的实践后，逐步向司法机关宏观管理下的律师协会行业管理制度过渡"的契机就要到来。

当前我国律师管理体制改革的基本走向应是理顺司法行政机关和律师协会的关系，建立律师协会管理为主的管理体制。

（一）行政机关应给律师行业放权

尽管目前我国的律师管理还不能完全抛开行政机关，但行政机关在律师管理体制中角色的淡化却是一个不争的事实。从最初的完全行政管理到行政机关为主律师协会为辅，再到行政机关仅仅宏观指导，可以说这几年来行政机关一直在给律师行业"松绑"，只是"松绑"的程度尚未到位。

律师管理体制中行政机关的作用既然仅限于宏观上的指导和监督，那么所谓的"宏观"就应当是从大方面进行指导和规范，而非直接的管理。首先，行政机关的指导主要是政策指导，例如：根据国家法律制度制定律师行业发展规划，制定律师发展、律师执业方面的规章制度；组织参加各种会议，及时传达上级关于律师工作的指导和会议精神，并提出贯彻意见；协助律师协会制定章程及政策制度，并帮助协调律协和有关部门的关系，支持律师工作；深入基层，调查研究，收集信息，帮助解决律师制度和律师执业中存在的问题，对有关律师工作的请示、报告进行研究和答复。其次，根据我国情况，人员管理（主要是资格管理和执业证书的管理）也仍应由司法行政机关把关，具体包括：①对通过全国律师资格考试的人进行审查，授予律师资格，颁发资格证书，以及对符合考核授予律师资格条件的人员进行审查，根据规定授予其律师资格；②对要求从事专职律师、兼职律师、特邀律师的人员进行审查，符合法定条件的，颁发执业证书；③每年度对律师进行年检注册。机构管理和业务管理仍应由行政机构来执行，主要是审批律师事务所及其办事处的设立、对律师事务所的宏观监督以及组织律师界开展法律援助工作。对于行政处罚权，《律师法》确立的是行政机关享有，但对律师的惩戒完全由行政机关行使不妥，律师已经不属于国家公务员，可是现行的种种行政方式使得管理律师和管理国家公务员没有区别，在律师已经被称作"社会法律工作者"时，为什么我们的律师惩戒还是行政化？在西方国家大量的律师法典中一般规定，在没有取消律师执业资格之前绝对不允许进入刑事追究领域，必须先剥除其律师的外衣，然后再进入刑事诉讼（而且往往会在律师协会内搞一个纪律法庭、听证会，然后在律师被惩戒后允许他向律师协会内部申诉，申诉后做出一个结论）；可是我们现在的做法却是在律师协会尚未对其律师资格作出处理前迫不及待地将律师起诉审判，这种现象"已不是对某个律师的追究，而是对整个律师职业的贬低和侮辱"。

（二）建立律师协会自主的行业管理体制

虽然我国律师管理从名义上说是"两结合"的管理体制，但实际上律师协会发挥的功能微乎其微。中华全国律协目前主要的功能是对外交往、会员的培训、律师的培训及会员的权利保障，其他很多权力如资格的授予、职业道德的维护、律师的惩戒都不在它手中，而在县区一级，很多地方未设律师协会，仍然沿袭传统的行政管理，根本谈不上行业管理。即使所谓实行了律师协会行业管理的地区，也存在缺乏律师职业行为标准的规定，对律师违反职业道德、执业纪律的行为惩戒力度不足，对律师继续培训缺乏系统的实施计划。律师协会似乎生存在司法行政机关的阴影下。

第五章

法律援助制度

第一节　法律援助制度概述

一、域外法律援助制度概览

法律援助制度在西方国家已有上百年的历史，法律援助的概念在不同的国家有不同的定义。但从大的发展趋势看，法律援助逐渐由传统的社会慈善道义行为演变为国家对公民的一项司法救济和保障措施，成为现代意义的法律援助制度。

（一）域外法律援助制度概念

现代各国法律援助的概念可以定义为：法律援助是国家对因经济困难无力支付或不能完全支付代理费用的公民给予免收费或者由当事人分担部分费用的法律帮助，以维护法律赋予公民的权益得以平等实现的一项司法保障制度。

（二）域外法律援助制度的特征

1. 法律援助是国家对公民的义务或责任。法律援助的责任主体是国家，或者行使国家权力的政府。国家或政府通过设立法律援助机构、提供法律援助经费、制定法律援助法律等形式，授权法律援助机构履行国家或政府对公民的法律援助义务或责任。这是现代法律援助制度区别于传统的律师个人的道义行为和社会团体的慈善行为的最根本的标志。

2. 受援对象是经济困难、无力支付或不能完全支付法律代理费用的公民。各国法律援助的共同对象绝大多数是因经济困难、无力支付或不能完全支付法律代理费用的自然人。在这个共同对象之外不同国家和地区还有自己的某些规定。

3. 受援人享受的是免费的或者分担费用的法律帮助。根据受援人的经济条件，予以其全部免费或者"费用分担"即由有一定支付能力、但不能完全支付律师费用的公民分担部分办案费用的法律帮助，这在一些国家的法律援助中是允许的。

4. 提供法律援助的法律专业人员主要是律师，包括私人律师和专职法律援助律师，也有专职法律援助律师的辅助人员实施一些简单的法律援助。

5. 法律援助制度已成为整体司法制度的重要组成部分。在西方国家的法律制度中，法律援助制度伴随着国家法治化的社会发展进程，已经逐步与其司法制度融为一体，成为确保实现社会正义、健全完善的司法制度不可分割的重要组成部分。

二、我国法律援助的概念与特征

借鉴各国现代法律援助定义中具有一般性、共性的内容，我国的法律援助制度从一开始建立就呈现一些与本国的法律服务体制相适应的特点。我国的法律援助，是指由政府设立的法律援助机构组织法律援助人员和社会志愿人员，为某些经济困难的公民或特殊案件的当事人提供免费的法律帮助，以保障其合法权益得以实现的一项法律保障制度。

我国法律援助概念有以下六个主要特征：

1. 法律援助是政府责任，它体现了政府对公民的应尽义务和责任。凡是符合条件的公民都可以获得法律援助。

2. 法律援助是法律化、制度化的国家保障司法公正的行为。这有别于传统的律师个人的道义行为和社会团体的慈善行为。

3. 法定的受援对象是作为自然人的公民。我国的法律援助对象与世界上大多数国家的受援对象一样，都是作为自然人的公民，法人不能作为法定的援助对象。

4. 为受援对象提供免费的法律援助服务。

5. 法律援助形式既包括诉讼法律援助服务，也包括非诉讼的法律援助服务；还包括法律咨询（电话咨询和当面咨询）、法律信息资料的免费提供。

6. 法律援助的实施者既包括法律援助律师、社会执业律师、基层法律服务工作者在内的法律援助（服务）人员，也包括社会团体、法律院校的法律援助志愿人员。

第二节　建立法律援助制度的依据

一、宪法依据

宪法作为国家的根本大法，是制定一切法律、法规和规章的根本依据。宪法所确定的关系到国家政治、经济、社会等方面的重要原则，应当得到全社会的一体遵行。"公民在法律面前一律平等"的原则是我国宪法确定的一项重要的政治与法律原则。其基本含义是国家的所有公民，无论其存在社会地位高低、财产多寡、种族不同、智力强弱、年龄大小等差别，都应当一律平等地受到法律的保护，实现法律所认可和赋予的权利。根据这一原则的要求，需要制定保障公民能够真正实现法律面前一律平等的相关法律法规，并在制度和具体机制上予以配套。中国的法律援助制度作为保障公民能够无论贫富都能平等实现合法权益的重要制度，是实现宪法规定的"公民在法律面前一律平等"原则的要求，从另一个角度说"公民在法律面前一律平等"的宪法原则，是中国建立和实施法律援助制度的最高法律依据。

二、基本法律依据

我国《刑事诉讼法》第34条第1款规定"犯罪嫌疑人、被告人因经济困难或者其他原因没有委托辩护人的，本人及其近亲属可以向法律援助机构提出申请。对符合法律援助条件的，法律援助机构应当指派律师为其提供辩护。"第2款规定："犯罪嫌疑人、被告人是盲、聋、哑人，或者是尚未完全丧失辨认或者控制自己行为能力的精神病人，没有委托辩护人的，人民法院、人民检察院和公安机关应当通知法律援助机构指派律师为其提供辩护。"第3款规定："犯罪嫌疑人、被告人可能被判处无期徒刑、死刑，没有委托辩护人的，人民法院、人民检察院和公安机关应当通知法律援助机构指派律师为其提供辩护。"此外，该法第267条规定："未成年犯罪嫌疑人、被告人没有委托辩护人的，人民法院、人民检察院、公安机关应当通知法律援助机构指派律师为其提供辩护。"可见，《刑事诉讼法法》将被追诉人的法律援助区分为两种情形；一是依申请提供法律援助的情形，即《刑事诉讼法》第34条第1款规定的情况；二是依职权提供法律援助的情形，即《刑事诉讼法》第34条第2款、第3款及第267条规定的情形。

我国《律师法》第42条规定"律师、律师事务所应当按照国家规定履行法律援助义务，为受援人提供符合标准的法律服务，维护受援人的合法权益。"根据此规定，承担法律援助义务的主题包括律师和律师事务所。

此外，《法律援助条例》对我国法律援助的政府责任、经费保障、机构设立、律师办理法律援助案件的义务、法律援助的范围、受理、审查、指派及实施程序、法律责任等问题作出了详细规定，标志着有中国特色的法律援助制度基本形成。

《刑事诉讼法》、《律师法》有关法律援助的相关规定和《法律援助条例》构筑了我国法律援助制度的原则和框架，这是建立中国法律援助制度的重要法律依据。

三、国际法依据

中国已经批准加入或已签署的国际公约、条约中有关法律援助的规定，是我国建立和实施法律援助制度的国际法依据。

我国已加入的国际公约载有法律援助规定的主要有：《囚犯待遇最低限度公约》、《联合国少年司法最低限度标准规则》、《儿童权利公约》、《公民权利和政治权利国际公约》。按照国际法优于国内法的原则，根据上述我国已加入的国际公约的相关规定，中国政府必须履行这些国际公约中有关法律援助的规定，并且应该制定相关配套法律法规，以进一步完善中国的法律援助制度，保障国家履行法律援助的国际义务。

四、国家发展计划纲要的依据

2001 年 3 月全国人民代表大会颁布实施的《中华人民共和国国民经济和社会发展第十五年计划纲要》，写了"建立法律援助体系"。这是首次由国家最高权力机关将法律援助工作纳入国民经济和社会发展计划，这对中国法律援助制度的建立、完善产生十分重要的推动作用。

第三节 法律援助的设置及其职责

一、我国法律援助概况

（一）法律援助机构的设置

2002 年底全国共建四级法律援助机构 2400 多个。除司法部法律援助中心外，省级地方全部建立，地市级地方法律援助机构达应建数的 92%，县区级地方法律援助机构达应建数的 77%。全国法律援助机构的专职人员已发展到 8000 多人。吉林省的法律援助机构始建于 1996 年 12 月，2005 年底全省有法律援助机构 68 个。全省的市、县（区）（除白城市的洮北区、辽源市的龙山区外）都建立了法律援助中心，构成了省、市、县（区）三级法律援助架构格局，有专职法律援助律师 214 名。

（二）法律援助机构的职能

各级法律援助机构行使两项职能：行政管理职能和法律援助实施职能。

行政管理职能主要是指组织、管理、指导、监督所辖区域的法律援助工作；法律援助实施职能是指法律援助机构内的法律援助专职律师直接办理法律援助案件。因工作任务不同，各级法律援助机构所行使的管理职能和实施职能又有侧重。具体说，司法部和省级法律援助机构主要是行使指导、协调、管理职能，根据情况组织办理少量的全国和地方影响较大、下级地方法律援助机构办理困难的法律援助案件；地市级法律援助机构兼具管理和实施职能，一方面对所辖的县区法律援助工作进行组织、指导、协调、监督，另一方面要具体办理大量的法律援助案件；县区一级的法律援助机构则主要行使实施职能，组织和具体办理各类法律援助案件，同时兼顾部分管理职能，对所辖区域内的乡镇法律援助工作站进行指导。

在大的机构体系下全国地方法律援助机构的职能定位也因种种原因而有所差别。基本上分为四类：一是定位为纯粹的管理机构，如上海。二是定位为管理和实施双重职能，这是绝大多数地方的做法。三是管理和实施职能分由两个编制部门批准设立的专门机构行使，即一个为司法局内设的法律援助管理处、一个为司法局直属的法律援助中心。北京、重庆、洛阳等属于此类。四是实际只履行办案职能的法律援助机构。一些被定性为事业单位的法律援助机构，特别是那些与律师事务所合署办公的法律援助中心基本属于此类。

（三）法律援助机构的性质

全国法律援助机构性质，可以分为以下几类：全额拨款事业单位；事业单位参照公务员管理；内设行政机构；直属行政机构；行政机构和事业单位两套体系。

二、《法律援助条例》实施后我国法律援助的现状

（一）法律援助机构的设置

《法律援助条例》总则第5条规定，直辖市、设区的市或者县级人民政府司法行政部门根据需要确定本行政区域的法律援助机构。法律援助机构负责受理、审查法律援助申请，指派或者安排人员为符合规定的公民提供法律援助。这项规定，一是明确了设立法律援助机构由司法行政部门根据需要确定。二是法律援助机构履行组织实施法律援助的职责。《法律援助条例》确定了设立于直辖市、设区的市和县（区）的法律援助机构，受同级司法行政部门的管理和监督，专司法律援助之职。这是一个法定的官办机构，无论是行政性质还是事业单位，其经费

都是全部或者主要来源于各级人民政府的财政拨款。

（二）法律援助机构的工作人员

法律援助机构的工作人员包括行政管理人员和专业人员两部分。专业人员又包括：一是具有律师资格，本身就是注册律师的专职法律援助律师；二是没有律师身份，具有一定的法律专业知识和经验的法律工作者。他们承担了组织实施法律援助和具体提供法律援助服务的职能。具有律师资格者可以提供所有形式的法律援助，并以诉讼代理和刑事辩护为主。而一般的法律援助工作者则以提供咨询、代书、非诉讼代理为主。

（三）法律援助机构的职责

根据《法律援助条例》的规定，法律援助机构应履行两项职责：组织实施法律援助职责；承办法律援助案件职责。

1. 组织实施法律援助职责。组织实施法律援助就是法律援助机构负责受理、审查公民法律援助申请、指派律师和有关人员办理法律援助案件的活动。看似简单的几个环节，涉及的工作内容很多，并不是一两个人照章办事就能完成的。一个负责任的有效率的法律援助机构，在组织实施法律援助的职能中需要创造性地完成以下工作：

（1）制定法律援助工作计划。制定法律援助工作计划，各个法律援助机构应当根据本机构的人员和财务状况、工作能力以及所在地区的法律援助需求情况等作出切合实际的工作计划。制定工作计划要进行以下工作：一是摸清本地区潜在受援人状况，包括贫困人口、特殊人群数量、案件发生率等。二是分析本机构占有资源的情况，包括经费、人才资源状况。三是制定中长期和阶段性工作目标和实施计划，其中重要的内容有年度工作目标、年度经费预算等。四是阶段性的工作总结、统计分析、工作计划调整。

（2）受理、审查法律援助申请。采取便民措施方便老百姓申请。法律援助机构的首要任务是让老百姓了解法律援助机构和与法律援助申请相关的内容。通过各种有效方式，向社会公开法律援助咨询电话和法律援助机构办公地点，有条件的地方可设专门的网站，使公众能随时了解法律援助的相关事宜。遵循统一的标准进行法律援助审查，保证法律援助的公平性，避免随意性，以保证公民平等地获得法律援助。

（3）指派社会律师、法律工作者办理法律援助案件。根据《法律援助条例》规定，指派社会律师、法律工作者、法律援助志愿者办理法律援助案件，合理平衡地运用律师资源，让所有律师都能履行法律援助义务。

（4）对法律援助工作的管理、监督。《法律援助条例》规定，法律援助工作的管理监督职能由各级司法行政部门行使。这是从宏观上来讲的，指的是对整个法律援助制度运行的监督管理。而在具体实施法律援助工作中的监督管理工作应当由法律援助机构负责。目前各省司法行政机关授权法律援助中心代司法行政机关监督管理本行政区域的法律援助工作。对法律援助工作的管理、监督包括：一是法律援助经费管理。法律援助经费由各级法律援助机构设立专门账户集中管理、使用。法律援助经费包括政府的财政拨款和社会捐助；主要用于法律援助机构办理法律援助案件的必要开支、法律服务人员承办法律援助案件的补贴；法律援助咨询、宣传等费用。法律援助经费的使用和管理接受上级司法行政机关、同级司法行政主管部门、财政部门和审计部门的检查监督。二是法律援助的统计工作管理。统计工作是法律援助机构的一项重要工作。法律援助机构的统计结果是管理部门作为指导工作的基本依据，应当将此项工作规范化、制度化，确保统计数据及时准确。三是法律援助案件的档案管理，包括法律援助案件卷宗的归档和保管。法律援助案件办结后，应按照法律援助案件或事项的不同类别，分别立卷、归档和保管。具体是刑事、民事、行政诉讼法律援助案件及非诉讼法律援助事项一案一卷。四是法律援助机构对办案的监督。法律援助机构的监督是保证法律援助办案质量的重要环节。监督包括办案过程中的监督和结案后的监督。

2. 承办法律援助案件职责。承办法律援助案件职责是指组织本机构律师和工作人员实施法律援助服务。主要是法律援助咨询、代书、承办人民法院指定的刑事辩护案件，办理民事、行政诉讼法律援助案件，办理非诉讼法律援助事项等。

（1）法律援助咨询服务。法律咨询是法律援助的一种最普遍的帮助形式。法律援助机构的法律咨询包括以下三种方式：一是日常接待咨询。每个法律援助机构都设立接待室，向来访的公民提供咨询服务。二是电话咨询。随着148法律服务专线电话的开通，不少地方的法律援助机构有了法律援助咨询电话。公民遇法律问题，拨通电话就能得到解答。电话咨询的提供主要是为了方便老百姓。三是大型法律援助咨询活动。法律援助机构组织律师等法律服务人员深入到农村的乡镇和城市的社区，直接向最基层的老百姓提供法律咨询，向他们赠送有关法律援助知识以及与公民日常生活密切相关的一些法律知识小册子。这种方式既是为了宣传法律援助制度，同时也是为了实实在在为老百姓提供直接的法律服务。

（2）办理法律援助案件。我国推行法律援助制度以来，各法律援助机构的专职律师直接参与办案，为法律援助工作的迅速发展发挥了积极作用。法律援助机构的专职律师在承办法律援助案件中具有自身的优势。表现为：一是专职律师能够更加主动投入到法律援助工作中。法律援助机构的律师普遍具有一种职业使命感，无时无刻不在考虑如何更好地为受援人提供服务。比如一些地方法律援助机构开展一些主动的上门服务、定期回访等，随时随地捕捉有关信息，使更多的人得到帮助。二是专职律师的专业性更强。专职律师集中办理成批量的法律援助案件，积累了经验。另外，经常性的培训、总结经验，加强了这种专业化。在法律援助的案件办理上，专职律师倾向于追求更好的结果。有的案件涉及各种关系复杂，调查取证难度大，甚至经过了一审二审再审，反反复复，但都因法律援助专职律师的坚持，最终胜诉。此外，专职律师在办案中并不单纯追求胜诉的判决，而更注重是否获得最有利于受援人的结果。比如抚养、赡养案件，因为是亲人之间的纠纷，也不利于判决后的执行，因此，许多法律援助机构专职律师尽量争取以调解方式结案并进行结案后的跟踪，保证受援人得到最好的安置。

三、法律责任

《法律援助条例》第 26 条规定，法律援助机构及其工作人员有下列情形之一的，对直接负责的主管人员以及其他直接责任人员依法给予纪律处分：①为不符合法律援助条件的人员提供法律援助，或者拒绝为符合法律援助条件的人员提供法律援助的；②办理法律援助案件收取财物的；③从事有偿法律服务的；④侵占、私分、挪用法律援助经费的。办理法律援助案件收取的财物，由司法行政部门责令退还；从事有偿法律服务的违法所得，由司法行政部门予以没收；侵占、私分、挪用法律援助经费的，由司法行政部门责令追回，情节严重，构成犯罪的，依法追究刑事责任。

《法律援助条例》第 27 条规定，律师事务所拒绝法律援助机构的指派，不安排本所律师办理法律援助案件的，由司法行政部门给予警告、责令改正；情节严重的，给予1个月以上3个月以下停业整顿的处罚。

《法律援助条例》第28条规定，律师有下列情形之一的，由司法行政部门给予警告、责令改正；情节严重的，给予1个月以上3个月以下停止执业的处罚：①无正当理由拒绝接受、擅自终止法律援助案件的；②办理法律援助案件收取财物的。有前款第②项违法行为的，由司法行政部门责令退还违法所得的财物，可以并处所收财物价值1倍以上3倍以下的罚款。

《法律援助条例》第29条规定，律师办理法律援助案件违反职业道德和执业纪律的，按照律师法的规定予以处罚。

第四节　法律援助的对象与范围

一、法律援助的对象

我国法律援助对象是作为自然人的公民。法律援助制度是对社会贫困公民采取的一种法律帮助措施，目的是要保障他们能够像非经济困难者那样平等、公正地实现法律赋予的公民权利。我国法律援助对象应是符合下述条件的中华人民共和国公民。

1. 因经济困难无能力支付法律服务费用；

2. 申请人是盲、聋、哑人未完全丧失……的精神病人、未成年人、可能被判处无期、死刑的被告人；

3. 申请人申请的事项必须符合法律援助范围；

困难标准由省、自治区、直辖市人民政府根据本行政区域经济发展状况制定。

二、法律援助的范围

法律援助的范围是指提供法律援助的案件和事项的具体领域，即根据法律规定，对哪些案件和事项可以提供法律援助。

（一）民事行政案件的法律援助范围

《法律援助条例》第 10 条规定："公民对下列需要代理的事项，因经济困难没有委托代理人的，可以向法律援助机构申请法律援助：

1. 依法请求国家赔偿的；

2. 请求给予社会保险待遇或者最低生活保障待遇的；

3. 请求发给抚恤金、救济金的；

4. 请求给付赡养费、抚养费、扶养费的；

5. 请求支付劳动报酬的；

6. 主张因见义勇为行为产生的民事权益的。

省、自治区、直辖市人民政府可以对前款规定以外的法律援助事项做出补充规定。"

（二）刑事案件的法律援助范围

《法律援助条例》第 11 条规定：刑事诉讼中有下列情形之一的，公民可以向法律援助机构申请法律援助：

1. 犯罪嫌疑人在被侦查机关第一次讯问后或者采取强制措施之日起，因经济困难没有聘请律师的；

2. 公诉案件中的被害人及其法定代理人或者近亲属，自案件移送审查起诉之日起，因经济困难没有委托诉讼代理人的；

3. 自诉案件的自诉人及其法定代理人，自案件被人民法院受理之日起，因经济困难没有委托诉讼代理人的。

另外，《法律援助条例》第 12 条规定："公诉人出庭公诉的案件，被告人因经济困难或者其他原因没有委托辩护人，人民法院为被告人指定辩护时，法律援助机构应当提供法律援助。被告人是盲、聋、哑人或者未成年人而没有委托辩护人的，或者被告人可能被判处死刑而没有委托辩护人的，人民法院为被告人指定辩护时，法律援助机构应当提供法律援助，无须对被告人进行经济状况的审查。"可见，法律援助机构应当提供法律援助的范围非常明确具体，司法操作性较强。《刑事诉讼法》第. 34 条规定："犯罪嫌疑人、被告人因经济困难或者其他原因没有委托辩护人的，本人及其近亲属可以向法律援助机构提出申请。对符合法律援助条件的，法律援助机构应当指派律师为其提供辩护。犯规嫌疑人、被告人是盲、聋、哑人，或者是尚未完全丧失辨认或者控制自己行为能力的精神病人，没有委托辩护人的，人民法院、人民检察院和公安机关应当通知法律援助机构指派律师为其提供辩护。犯罪嫌疑人、被告人可能被判处无期徒刑、死刑，没有委托辩护人的，人民法院、人民检察院和公安机关应当通知法律援助机构指派律师为其提供辩护。"此外，该法第267 条规定："未成年犯罪嫌疑人、被告人没有委托辩护人的，人民法院、人民检察院、公安机关应当通知法律援助机构指派律师为其提供辩护。"

（三）法律援助的申请

公民申请法律援助应按照下列规定提出：

1. 请求国家赔偿的，向赔偿义务机关所在地的法律援助机构提出申请。

2. 请求给予社会保险待遇、最低生活保障待遇或者请求发给抚恤金、救济金的，向提供社会保险待遇、最低生活保障待遇或者发给抚恤金、救济金的义务机关所在地的法律援助机构提出申请。

3. 请求给付赡养费、抚养费、扶养费的，向给付赡养费、抚养费、扶养费的义务人住所地的法律援助机构提出申请。

4. 请求支付劳动报酬的，向支付劳动报酬的义务人住所地的法律援助机构提出申请。

5. 主张因见义勇为行为产生的民事权益的，向被请求人住所地的法律援助机构提出申请。

6. 刑事案件法律援助申请，向审理案件的人民法院所在地的法律援助机构提出申请。

第五节 执业律师的法律援助义务

《律师法》、《法律援助条例》都明确地规定了社会执业律师的法律援助义务。

1. 《律师法》第 42 条规定："律师、律师事务所应当按照国家履行法律援助义务，为受援人提供符合标准的法律服务，维护受援人的合法权益。"

2. 《法律援助条例》第 6 条规定："律师应当依照律师法和本条例的规定履行法律援助义务，为受援人提供符合标准的法律服务，依法维护受援人的合法权益，接受律师协会和司法行政部门的监督。"

从《律师法》、《法律援助条例》的规定，可以看出社会执业律师为公民提供法律援助是我国法律所赋予社会执业律师的权利和义务，体现了社会执业律师在我国法律援助制度中的重要地位和作用。

第六节　法律援助工作站和法律援助志愿者

一、法律援助工作站

乡镇、街道（社区）法律援助工作站是县（市、区）法律援助中心的辅助工作机构，行政上受县（市、区）司法局和乡镇街道政府的双重领导，在业务上受法律援助中心的指导管理和监督。

（一）法律援助工作站组织形式

法律援助工作站依托乡镇、街道（社区）司法所或法律服务所建立，实行"一套人马，两块牌子"合署办公。法律援助工作站的站长原则上由司法所或法律服务所的所长担任。

（二）设立法律援助工作站的条件

法律援助工作站要有两名以上取得法律服务工作证的专职人员；有专门的办公场所和办公设备；有必要的提供法律援助的资金。

（三）法律援助工作站的主要工作职责

组织、管理、协调本辖区的法律援助工作；接待、受理、审查法律援助申请，安排基层法律服务工作者办理民事法律援助事项；解答法律咨询；代写法律文书；接受县（市、区）法律援助中心的指派办理民事法律援助事项。

二、法律援助志愿者

法律援助志愿者是指具备一定的法律专业知识和能力，经法律援助机构审核批准，依照2003年《法律援助条例》规定领取《法律援助志愿者服务证》，自愿为社会贫弱者提供法律服务的人员。

（一）法律援助志愿者职责

法律援助志愿者的职责是在法律援助机构的指导下，依照本省的《法律援助志愿者管理办法》开展法律援助志愿活动，依法维护受援人合法权益，以实现社会的公平和正义。

（二）法律援助志愿者的服务范围

法律援助志愿者服务范围：宣传法律和法律援助制度；解答法律咨询；代写法律文书；协助法律援助律师调查取证，参与诉讼和仲裁；依据《民事诉讼法》第58条规定：①律师、基层法律服务工作者；②当事人的近亲属或者工作人员；③当事人所在社区、单位以及有关社会团体推荐的公民。可以被委托为诉讼代理人参加诉讼法律活动；参加与法律援助有关的其他志愿服务活动。

（三）法律援助志愿者的组织管理

各级司法行政机关负责本行政区域法律援助志愿者的管理工作。各级法律援助机构在司法行政机关领导下，具体负责组织、指导、安排法律援助志愿者开展志愿服务活动。

第六章

律师实务

第一节　律师刑事辩护

一、律师刑事辩护的概念

刑事辩护是指犯罪嫌疑人、被告人及其辩护人针对公诉机关的诉控，根据事实和法律，提出证明犯罪嫌疑人、被告人无罪、罪轻或者减轻、免除其刑事责任的材料和意见，维护犯罪嫌疑人、被告人合法权益的诉讼活动。这种诉讼活动是基于犯罪嫌疑人、被告人的辩护权而展开的。辩护权是宪法和法律赋予犯罪嫌疑人、被告人针对检察机关的控诉进行辩解、反驳，根据事实和法律提出证明其无罪、罪轻或者减轻、免除刑事责任的材料和意见，维护其合法权益的一项权利。作为确保犯罪嫌疑人、被告人行使辩护权的法律制度，辩护制度已成为现代刑事诉讼制度中不可缺少的组成部分。其内容包括辩护权内容、辩护权的行使方式、辩护人的范围、辩护人的责任、辩护人的权利和义务以及相应的保障措施。

现代意义上的辩护制度，其形成始于近代资产阶级革命胜利后资产阶级国家的建立。伴随着犯罪嫌疑人、被告人的辩护权范围的扩大及有效保障措施的确立，辩护制度作为现代刑事诉讼制度的重要组成部分，已得到了全面发展并日益完善。当然由于多种因素的制约，各国辩护制度的内容尚存在差异。然而，辩护制度的健全与完善已成为衡量一国刑事诉讼制度科学化、民主化程度的重要标志，现代各国都规定，犯罪嫌疑人、被告人除有权自行辩护外，还有权委托辩护人为自己辩护。辩护人参加刑事诉讼是保护犯罪嫌疑人、被告人的合法权益，发挥辩护制度功能的重要途径。而律师作为辩护人参与诉讼对犯罪嫌疑人、被告人辩护权的行使具有重大意义，律师辩护也成为辩护制度的根基。

二、刑事辩护是律师的首要业务

律师辩护是指受犯罪嫌疑人、被告人委托或由法院指定的律师，根据事实和法律，提出证明犯罪嫌疑人、被告人无罪、罪轻或者减轻、免除其刑事责任的材料和意见，维护犯罪嫌疑人、被告人合法权益的诉讼活动。

1. 被告人自行辩护的局限性。被告人是被提起诉讼并可能被追究刑事责任的人，在一般情况下，被告人作为案件的当事者，对于犯罪事实发生的前因后果及其经过最为了解，由其自己行使辩护权，是理所当然的。然而，由于被告人自身的特定性，决定了其自行辩护必然具有以下局限性。第一，犯罪是一种社会现象，被告人纵然是案件的当事者，了解事实真相，但不等于说所有的被告人都了解事实真相。例如，对于错告或者诬告的案件，被告人根本就不是犯罪分子，他不知道也不可能知道案件真相，甚至对为什么把罪责加在自己身上也不知所云。对于一些被告人所为的案件，对于是否犯罪、怎样是犯罪、犯什么罪、罪行有多重这些问题，有的属于事实情节方面的问题，被告人可以讲清楚，有的属于法律评价问题，还有的涉及专门技术知识，对此不但被告人难以讲清楚，就是某些专家一时也不易讲清。在这种情况下，被告人无法进行有效的辩护，以其昏昏又何以使之昭昭？第二，被告人是直接当事者，诉讼的结局与其有切身的利害关系，可能产生各种各样的心理状态；有的被告经过预审，了解了自己将来的处境，感觉事到如今，辩与不辩无关紧要，因而，采取了听任处理的态度；有的被告人出于悔恨心情，不想进行辩护；有的被告人由于误解党和国家的"坦白从宽、抗拒从严"的刑事政策，以为坦白的罪行越多、越严重，将来就会得到越轻的处罚，因而对一些不实的控诉也不辩解，一概承认；有的被告人在关押期间可能产生绝望、恐惧等不正常的心理状态，失去辩解的能力或放弃辩解。第三，被告人案发后，大多要被逮捕羁押，以防止犯罪分子逃跑、自杀、隐匿、毁损证据或者继续危害社会，以保证侦查、审判工作的顺利进行。这样，被告人也就暂时被剥夺了人身自由，断绝了与外界的来往，他们既无收集证据的权利，也没有收集证据的条件，甚至对在侦查、预审阶段收集的附在卷内的物证、书证、证人证言、被害人陈述、鉴定结论、勘验笔录等证据材料无所知或知之甚少，被告人缺乏有效辩护的基本条件。第四，长期以来，由于受法律虚无主义的影响，我国公民的法律意识淡薄，法律知识匮乏，大多数被告人往往是法盲，对有关罪名、刑罚等方面的知识十分陌生，无法从法律上区别罪与非罪、此罪与彼罪、一罪与数罪、轻罪与重罪，无法从法律上提出证明自己无罪、罪轻或者免除刑事责任的申辩意见和事由。以上种种情况表明，被告人自行辩护具有较大的局限性。

2. 非律师辩护的缺陷。根据《刑事诉讼法》和《律师法》

的规定，我国有资格充当辩护人的除律师外，还包括人民团体或被告人所在单位推荐的人、犯罪嫌疑人，被告人的监护人亲友。这些辩护人尽管不存在被告人自我辩护的种种局限性，但由于他们的成分复杂，水平不一，在辩护实践中也存在着一定的缺陷。第一，这些人无权会见被告人，在人民法院不准阅卷，没有进行调查的权利，所以，不具备全面了解案件情况的条件，无法开展有针对性的辩护工作。第二，这些人基本上未受过正规的法律专业训练，法学知识差，办案经验不足，在办案中很难把握辩护的重点。第三，被告人的近亲属、监护人和与被告人有其他关系的公民，由于与被告人关系密切，往往容易从感情出发，提出过于偏激、不切实际的辩护意见。第四，他们一般都存在某些思想顾虑，特别是被告人近亲属、监护人和与被告人有其他关系的公民，往往因害怕株连自己或怕被说成"包庇罪犯"而不敢出庭辩护，即使出庭辩护也是顾虑重重，不敢真辩。

3. 律师辩护的职业优势。律师是从事法律工作的专业人员，一般都受过法律专业学习，又经过严格的考试取得律师资格，在实际工作中积累了丰富的办案经验，辩护中能够较熟练地抓住关键，提出比较切实可行的辩护意见；律师出庭辩护是律师本身的业务工作，是正当的业务活动，所以，他没有其他思想包袱，能够大胆地进行辩护，律师享有比较广泛的诉讼权利，如有权查阅相关证据材料，有权同在押被告人会见和通信，有权进行调查等，这是其他辩护人所不及的。律师具有充分行使辩护权的便利条件。辩护律师具有这些法定的权利，使得律师可以充分发挥法律所赋予的辩护职能，切实有效地帮助被告人行使辩护权。另外，律师辩护有利于司法机关提高办案质量。

三、辩护律师的诉讼职能

辩护律师的诉讼职能是确保刑事诉讼法任务的落实，是保证准确、及时地查明犯罪事实，正确适用法律，惩罚犯罪分子，保障无罪的人不受刑事追究。为了实现这一任务，做到不放纵一个犯罪分子，不冤枉一个好人，就需要有不同主体的人参加诉讼，彼此执行不同的诉讼职能，发挥各自的职能作用。根据法律规定，认定被告人犯罪的性质，确定被告人的刑罚是人民法院的职责，审判职能是由审判人员行使的。但是，审判人员实现审判职能必须以公诉人执行控诉职能为前提条件，没有控诉就没有被告，因而也就没有审判。与此相应，有控诉必然有辩护，辩护与控诉是互相联系、互相依存、互相对立的矛盾双方，是对抗性的职能。根据《刑事诉讼法》和《律师法》的有关规定，辩护职能的基本含义是，根据事实和法律，提出证明被告人无罪、罪轻或者减轻、免除其刑事责任的材料和意见，维护被告人的合法权益。辩护律师这一基本职能要求律师在整个辩护过程中，只能实施有利于被告人的行为，任何有损于被告人或作对被告人有罪、罪重或加重刑事责任的行为，都是违背辩护职能的。辩护律师的这种诉讼职能与公诉人的控诉职能是相互排斥的，辩护律师正是在反驳控诉方的控诉，在与控诉方反其道而行的条件下，为法院提供有利于被告人的材料和证据，从而防止犯片面性错误，以保证对案件定罪准确、量刑得当。

明确律师的辩护职能，对于律师正确履行辩护职务具有十分重要的意义。由于辩护职能要求辩护律师实施有利于被告人的行为，这有助于鼓励律师大胆履行职务，理直气壮地为被告人说话，既敢辩又真辩，无负于辩护律师的光荣称号。另一方面，也有助于纠正部分人头脑中"律师为被告人辩护就是为犯罪分子开脱罪责"的错误认识，消除辩护律师的后顾之忧。同时，也有利于克服实践中某些律师的不正确辩护行为，如在履行职务期间进行揭发、指控被告人有罪、罪重的活动，充当"第二公诉人"的角色等有损律师形象的行为。把握辩护职能的精神实质，有利于纠正或克服上述辩护实践中错误行径，正确履行辩护职能，切实担当起维护被告人合法权益的职责。

四、辩护律师的诉讼地位

辩护律师的诉讼地位，是刑事辩护工作中的主要问题，它不仅决定了律师的辩护职责、任务，而且制约着律师辩护的性质和身份，正确解决这一问题，对于澄清目前许多糊涂认识，充分发挥律师的辩护职能，完善刑事辩护制度都具有重要作用。辩护律师在刑事诉讼中处于维权被告人合法权益的诉讼参与人的地位。他不从属于人民法院、人民检察院，也不从属于被告人，而处于独立的诉讼地位，享有与其他诉讼参与人平等的诉讼权利。刑事诉讼法的任务是保证准确、及时地查明犯罪事实，正确适用法律，惩罚犯罪分子，保障无罪的人不受刑事追究。这个任务要依靠控诉、辩护、审判三方面人员的共同努力来完成。因此，控诉、辩护、审判三方面人员在诉讼上的地位是平等的。

（一）律师同公诉人的关系

在刑事诉讼中，律师是以被告人的辩护人的身份出席法庭审判，他同被告人都属于辩护一方。公诉人是以国家公诉人的身份出席法庭审判，属于控诉一方。律师同公诉人都处于独立的诉讼地位，享有平等的诉讼权利。控诉与辩护，公诉人与律师是矛盾对立的两个方面，然而他们既是矛盾的又是统一的，本质上是一致的，因为控诉与辩护的目的，都是通过诉讼活动，使案件达到以事实为根据、以法律为准绳，保证准确、及时地查明犯罪事实，正确适用法律。律师同公诉人是互相配合与互相制约的关系。在我国刑事诉讼中，确立控诉与辩护同时存在以及相应的法律关系，正是我国刑事诉讼制度民主化、科学化的有机结合的具体体现。

（二）律师同审判员的关系

审判员行使国家审判权，他的任务是对自诉案件或公诉案件进行全面审理，从而对被告人作出有罪或无罪，此罪与彼罪，判处何种刑罚的决定。律师是被告人委托的辩护人，在审判阶段，提出被告人的行为无罪或罪轻的辩护意见，以维护被告人的合法权益。律师同审判员一样，都处于独立的诉讼地位，享有同等的权利。律师同审判员在法律上的地位也是平等的，他们之间也是互相配合与互相制约的关系。

（三）律师同其他诉讼参与人的关系

其他诉讼参与人主要是指证人、鉴定人和翻译人员。他们在诉讼中享有一定的权利，应尽一定的义务，处于独立的诉讼地位。律师同其他诉讼参与人都享有平等的诉讼权利。在法庭审理时，律师有权要求法庭传唤证人、鉴定人和调取新的物证，经审判长许可，有权向证人、鉴定人发问，为了进一步查清案件事实，证人、鉴定人有义务回答律师的发问。因此，律师同其他诉讼参与人的关系是相辅相成的，在法律上的地位是平等的。辩护律师的诉讼地位与他在诉讼中发挥应有作用是密切相关的，只有当辩护律师与公诉人、审判员、其他诉讼参与人的平等地位得到确认，他享有的各项诉讼权利才能得到切实的保证，因而，辩护律师在刑事诉讼活动中的作用，才能得到充分的发挥。

五、侦查阶段的律师辩护

（一）律师在侦查阶段的业务职责

许多国家的立法均赋予犯罪嫌疑人在侦查阶段聘请律师辩护的权利，律师作为辩护人参与侦查程序是其刑事辩护工作中的重要内容之一。我国 1979 年《刑事诉讼法》禁止律师介入侦查阶段。1996 年《刑事诉讼法》顺应现代刑事诉讼发展趋势，准许律师提前介入侦查阶段，为犯罪嫌疑人提供法律帮助。现行《刑事诉讼法》确立了律师在侦查阶段的辩护人身份。这一规定，对防止侦查阶段侵害嫌疑人合法权益行为的发生、保障其合法权益，实现诉讼民主与公正价值具有重要意义。

《刑事诉讼法》第 33 条规定：犯罪嫌疑人自被侦查机关第一次讯问或者采取强制措施之日起，有权委托辩护人；在侦查期间，只能委托律师作为辩护人。被告人有权随时委托辩护人。侦查机关在第一次讯问犯罪嫌疑人或者对犯罪嫌疑人采取强制措施的时候，应当告知犯罪嫌疑人有权委托辩护人。《刑事诉讼法》第 36 条规定：辩护律师在侦查期间可以为犯罪嫌疑人提供法律帮助；代理申诉、控告；申请变更强制措施；向侦查机关了解犯罪嫌疑人涉嫌的罪名和案件有关情况，提出意见。

（二）聘请律师的委托手续办理

犯罪嫌疑人已经被侦查机关第一次讯问或者采取了强制措施，可以聘请律师，但对于危害国家安全犯罪、恐怖活动犯罪、特别重大贿赂犯罪案件，在侦查期间辩护律师会见在押的犯罪嫌疑人，应当经侦查机关许可、犯罪嫌疑人聘请律师，可以自行聘请，也可以由其亲属代为聘请。在押的犯罪嫌疑人提出聘请律师的，看守所应当及时将其请求转达办理案件的有关侦查机关，侦查机关应当及时向其所委托的人员或者所在的律师事务所转达该项请求。犯罪嫌疑人仅有聘请律师的要求，但提不出具体对象的，侦查机关应当及时通知当地律师协会或者司法行政机关为其推荐律师。

犯罪嫌疑人聘请律师，应当办理委托手续。委托手续一般包括签订委托协议和授权委托书。委托协议是律师事务所与委托人共同签署的确立委托关系的法律文书，是律师参加刑事诉讼活动的合法凭证。委托协议一式二份，一份交委托人，一份交律师事务所存档。授权委托书是委托人签署的、授予律师代为履行权利范围的法律文书。授权委托书一式三份，一份交委托人，一份交有关办案机关，一份交办案律师存档。另外，律师事务所开具介绍信，由律师呈交办案机关以上委托手续办好后，由律师事务所办理收案登记，编号后建立卷宗。

（三）律师在侦查阶段的职责范围

1. 为犯罪嫌疑人提供法律帮助咨询。这是律师为犯罪嫌疑人提供法律帮助中最基本的内容。犯罪嫌疑人绝大多数对法律知之甚少，急需律师解答法律上的问题。律师提供法律咨询，主要是针对刑法关于犯罪嫌疑人所涉嫌的罪名、犯罪性质、量刑标准以及刑法关于自首、立功的规定等问题进行解释。同时，律师还应根据法律规定，为犯罪嫌疑人解答有关诉讼程序和诉讼权利的问题，包括：有关立案、侦查、起诉、审判、执行等诉讼程序的规定，有关强制措施的条件、期限、适用程序的规定，公安司法人员回避的规定，犯罪嫌疑人有要求自行书写供述的权利，对侦查人员制作的讯问笔录有核对、补充、改正、附加说明的权利以及在承认笔录没有错误后应当签名或盖章的义务，犯罪嫌疑人享有侦查机关应当将用作证据的鉴定结论向他告知的权利以及可以申请补充鉴定或者重新鉴定的权利，犯罪嫌疑人享有的辩护权、申诉权、控告权以及其他有关问题。

提供法律咨询，不仅限于犯罪嫌疑人提出的法律问题，对与犯罪嫌疑人有关的问题，不论其是否向律师提出，律师都有责任提供帮助。

2. 代理当事人申诉、控告。犯罪嫌疑人认为自己没有实施侦查机关指控的犯罪行为，或者其人身权利、诉讼权利、财产权利等遭到侦查人员及有关人员的侵犯时，可以请律师代理申诉、控告。律师认为内容属实时，也应向有关机关提出。

3. 申请变更强制措施。律师发现被逮捕的犯罪嫌疑人具有下列情形之一的，可以为其申请取保候审：①可能被判处管制、拘役或者独立适用附加刑；②可能被判处有期徒刑以上刑罚，但采取取保候审不致发生社会危险性；③患有严重疾病；④正在怀孕或者哺乳自己婴儿；⑤拘留、逮捕措施超过法定期限。侦查机关应作出同意或者不同意的决定。同意取保候审的，律师可以为犯罪嫌疑人依法办理取保候审手续。

4. 向侦查机关了解犯罪嫌疑人涉嫌的罪名和案件有关情况，提出意见。

六、律师在侦查阶段的权利

律师为犯罪嫌疑人提供上述法律帮助，享有以下三项权利：

（一）有权向侦查机关了解犯罪嫌疑人涉嫌的罪名

律师介入侦查阶段为犯罪嫌疑人行使辩护权提供法律帮助，应当建立在其对犯罪嫌疑人及案件的充分了解的基础之上。从侦查机关了解案件的有关情况，是一个重要的途径。但为防止律师介入影响案件的侦查，《刑事诉讼法》规定，在侦查阶段，律师对案件侦查情况的了解仅限于犯罪嫌疑人涉嫌的罪名和案件有关情况。侦查机关负有告知的义务。

（二）会见犯罪嫌疑人

会见犯罪嫌疑人是律师充分了解案情、为犯罪嫌疑人提供有效法律帮助的途径，也是律师在侦查阶段的主要权利。律师可以自由会见在押的犯罪嫌疑人。

根据《刑事诉讼法》第37条规定，辩护律师持律师执业证书、律师事务所证明和委托书或者法律援助公函要求会见在押的犯罪嫌疑人、被告人的，看守所应当及时安排会见，至迟不得超过四十八小时。危害国家安全犯罪、恐怖活动犯罪、特别重大贿赂犯罪案件，在侦查期间辩护律师会见在押的犯罪嫌疑人，应当经侦查机关许可。辩护律师会见犯罪嫌疑人、被告人时不被监听。

（三）要求解除超法定期限强制措施的权利

律师有要求侦查机关解除对犯罪嫌疑人超过法定期限的强制措施的权利，这是《刑事诉讼法》第36条赋予律师的权利，是对侦查机关适用强制措施监督的法律规定，是依法保护犯罪嫌疑人合法权益的有效手段和监督举措。

七、在审查起诉、审判阶段的律师辩护

（一）律师辩护的法律依据

《刑事诉讼法》第33条第2款规定："人民检察院自收到移送审查起诉的案件材料之日起三日以内，应当告知犯罪嫌疑人有权委托辩护人。"在押的犯罪嫌疑人要求委托辩护人的，应当由犯罪嫌疑人指定的人办理委托事宜，人民检察院应当通知犯罪嫌疑人指定的人办理。犯罪嫌疑人或其指定的人委托律师担任辩护的，律师事务所对于符合委托条件并决定接受委托的，应与委托人办理委托手续，包括签订书面委托协议，由委托人出具辩护委托书等。一名犯罪嫌疑人可以委托一名至二名律师作为辩护人。共同犯罪的案件，一名辩护律师不得同时为两名以上的同案犯罪嫌疑人辩护。辩护律师的身份证明及辩护委托

书应呈交审查起诉的人民检察院核实。核实后，辩护律师即有权开展各项辩护工作。

公诉案件人民法院受理起诉决定开庭审判后，对于被告人尚未委托辩护人的，人民法院应当告知被告人有权委托辩护人。自诉案件的被告人有权随时委托辩护人，人民法院自受理自诉案件之日起三日内，应当告知被告人有权委托辩护人。被告人委托律师辩护，应当办理委托手续。《刑事诉讼法》第 34 条规定：犯罪嫌疑人、被告人因经济困难或者其他原因没有委托辩护人的，本人及其近亲属可以向法律援助机构提出申请。对符合法律援助条件的，法律援助机构应当指派律师为其提供辩护。犯罪嫌疑人、被告人是盲、聋、哑人，或者是尚未完全丧失辨认或者控制自己行为能力的精神病人，没有委托辩护人的，人民法院、人民检察院和公安机关引港通知法律援助机构指派律师为其提供辩护。犯罪嫌疑人、被告人可能被判处无期徒刑、死刑、没有委托辩护人的，人民法院、人民检察院和公安机关应当通知法律援助机构指派律师为其提供辩护。根据最高人民法院的司法解释，被告人坚持自己行使辩护权，拒绝法律援助机构指派的辩护人为其辩护的，人民法院应当允许。属于应当提供法律援助的情形，被告人拒绝指派的律师为其辩护的，人民法院应当查明原因。理由正当的，应当准许，但被告人须另行委托辩护人；被告人未另行委托辩护人的，人民法院应当在 3 日内书名通知法律援助机构另行指派律师为其提供辩护。保障犯罪嫌疑人、被告人的辩护权，特别是获得律师辩护权，已成为刑事诉讼民主化的重要标志。包括我国在内的很多国家不仅允许辩护人在侦查阶段介入刑事诉讼，而且侦查阶段即享有免费获得律师辩护的权利。在一些国家，指定辩护已超过委托辩护的比重，成为律师参与刑事辩护的主要形式。

（二）律师辩护的庭前工作

1. 会见犯罪嫌疑人。会见犯罪嫌疑人是辩护律师对案件进行调查的重要方式之一，是一项必不可少的辩护准备。辩护律师应对犯罪嫌疑人的年龄、习惯、文化水平、社会经验，结合其涉嫌犯罪情节、与同案其他人的关系和逮捕后的态度等进行细致的分析，拟定谈话提纲，掌握要求、目的、需要澄清的关键性问题。会见时律师也首先介绍自己的律师身份，说明为其辩护的职责，了解犯罪嫌疑人的心理让其围绕指控的涉嫌犯罪的事实说明案情，充分听取其意见并详细记录；针对案件的疑点及不清楚的地方询问犯罪嫌疑人，让其作详细的说明；辩护律师会见被告人，应做好以下几项工作：听取被告人对起诉书指控犯罪事实的意见；听取被告人的陈述和辩解，核实辩护律师在查阅起诉书和案卷材料时发现的问题和矛盾之处，进一步查明案情；询问被告人有无新的人证、物证、书证以及证据线索；了解被告人有无法律规定的无罪、罪轻或者从轻、减轻、免除刑事处罚的情节；根据被告人的要求，为其提供具体的法律帮助；向被告人告知他的诉讼权利，说明审判程序以及他在每一阶段中应注意的事项；告知被告人自己所进行的辩护准备工作以及初步的辩护设想，听取被告人的意见，鼓励被告人放下思想包袱，正确对待法庭审判，积极行使辩护权，等等。如果提不出证据，也可以让他提出证据线索，以便在以后的调查中查清；询问犯罪嫌疑人有无其他意见和要求。对犯罪嫌疑人提出的合理要求律师可以解决的应尽协助解决；提出的无理要求或者是非法的要求以及律师无法解决的要求，例如要求律师为其开脱罪责、给亲属捎有关案情的信件等，辩护律师应当不予满足。律师会见在押的犯罪嫌疑人，应当遵守监所的规章。

律师还可就与案件有关的情况与犯罪嫌疑人通信。人民检察院对书信不进行检查。

2. 律师可以依法查阅、摘抄、复制案件相关材料。根据《刑事诉讼法》第 38 条的规定，在审查起诉阶段，人民检察院应当允许被委托的辩护律师查阅、摘抄、复制本案的案卷材料。摘抄、复制本案的有关材料，是律师掌握侦查情况、全面了解案情的重要途径之一。辩护律师查阅、摘抄、复制本案的案卷材料，须向审查部门提出书面申请，并提供表明自己身份和诉讼委托关系的证明材料。审查部门接受申请后应当安排办理。诉讼文书包括立案决定书、拘留证、批准逮捕决定书、逮捕决定书、逮捕证、搜查证、起诉意见书等为立案、采取强制措施和侦查措施以及提请审查起诉而制作的程序性文书。

3. 调查和收集证据。律师向证人或者其他单位和个人收集与案件有关的材料，要征得被调查人的同意后方能进行。并应在制作笔录时注明已取得被调查人同意，由被调查人在调查笔录上签名或盖章。对于有关单位和个人拒绝会见或提供有关材料的，辩护律师可以申请人民检察院或人民法院收集调取。人民检察院根据辩护律师的申请收集、调取证据时，辩护律师可以在场。律师向被害人或者其近亲属、被害人提供的证人调查、收集材料，须先向人民检察院或人民法院提出申请，经人民检察院或人民法院许可并征得被调查人的同意后方可进行，被调查人应在调查笔录上签名或盖章。律师应当制作调查笔录。调查笔录应当载明调查人、被调查人、调查时间、调查地点以及调查的具体内容，并由被调查人核对无误后，签名或盖章。律师收集物证、书证，应收集原件，不能收集原件的，可以复制或照相，但对复制件或照片应附证词或说明。对视听资料，应注明其来源。

4. 提出辩护意见。辩护律师经过会见犯罪嫌疑人、查阅案件有关材料及调查取证，应向司法机关提出辩护意见。根据《刑事诉讼法》第170条的规定，人民检察院审查案件，应当听取犯罪嫌疑人委托的辩护人的意见，辩护律师应当就犯罪嫌疑人是否有罪以及罪行轻重、是否有从轻、减轻处罚的情节、侦查活动中有无违法情况、是否需要补充侦查调取新证据等发表意见。具体而言，当犯罪嫌疑人未实施危害社会的行为或具有《刑事诉讼法》第15条规定的情形之一时，应要求人民检察院作出不起诉的决定；当犯罪嫌疑人犯罪情节轻微，依照刑法规定不需要判处刑罚免除刑罚的，应建议人民检察院作出不起诉的决定；对于补充侦查的案件，如果认为证据不足，不符合起诉条件，可以建议人民检察院作出不起诉的决定；对于犯罪嫌疑人有从轻、减轻处罚情节的，应当向人民检察院提出，并要求在起诉书中加以反映；对于侦查活动中的违法情况应提出异议、要求处理；对于有利于犯罪嫌疑人的证据可能灭失、毁损的，应要求收集、保全；对犯罪嫌疑人被超期羁押的，应要求依法释放或变更强制措施，实行取保候审。

（三）撰写辩护词

辩护律师在开庭前应完成辩护的准备工作。辩护准备工作包括起诉书摘录、案卷中有关证据材料的摘录、拟向被告人、证人、鉴定人等提问的提纲、收集的证据材料以及有关法律、法规的摘录等内容外，还应包括拟定的辩护方案和辩护词。辩护准备工作应全面、有序，这是辩护律师法庭辩护工作顺利开展的重要保证。拟定辩护方案时，应从以下几个方面考虑：事实方面起诉书指控的事实是否存在；危害行为与危害结果之间有无因果联系；危害行为是否存在；证据是否确实充分；适用法律是否准确；是否存在法定从轻、减轻、免除刑事责任的情节，如自首、立功的情形。律师应在上述工作基础上，撰写辩护词。辩护词是辩护律师向法庭发表的为维护被告人的合法权益的演说词，是辩护律师对所辩护的案件的结论性意见，是辩护律师实现其辩护职能的重要手段。辩护律师接受辩护案件后依法进行的一切活动，包括研究起诉书、查阅案卷材料、会见被告人、进行调查和收集证据，其目的都在于全面、深入、细致地收集和分析一切有利于被告人的证据材料，而这些都是为了准备辩护词、为了在法庭上提出辩护意见进行的必要准备工作。辩护词是辩护律师辩护准备工作的总结，是辩护意见的集中反映。因此，辩护律师应认真撰写辩护词。

1. 辩护词的基本要求。①坚持"以事实为根据，以法律为准绳"的原则。要以事实为根据，以法律为准绳，引用法律条文应准确无误，要正确地反映案件事实。在适用法律上不可牵强附会，更不可曲解法律。②辩护词作为针对性、辩驳性的论说文，应从维护被告人合法权益出发，全面提出无罪、罪轻或者从轻、减轻、免除被告人刑事责任的意见，不能把辩护词变成对被告人的控诉书和开脱词。③论点明确，论证充分、全面，重点突出，结构严谨，层次分明。语言通俗流畅，用词准确、简洁，以理服人，以情感人。

2. 确立庭审辩护观点。辩护论点是在全面综合分析研究案件材料的基础上形成的为被告人进一步辩护观点，是维护被告人合法权益的基本观点。要写好辩护词，必须首先确立辩护论点。由于每个案件的具体情况不同，确立的辩护论点也不一样。一般而言，确立辩护论点有以下几种情况：①对起诉书指控的犯罪事实，没有证据证明存在，行为人的行为不构成犯罪，或者指控被告人犯罪事实不清楚，证据不充分，指控罪名不能成立的，应作无罪辩护。②对起诉书指控被告人的犯罪行为，虽然构成犯罪，但依法应当从轻、减轻、免除刑事责任的，应作从轻、减轻、免除刑事处罚的辩护。③对被告人的行为已构成犯罪，但依照《刑事诉讼法》第 15 条规定不追究刑事责任的，应作不追究刑事责任的辩护。④对部分事实不清、证据不足的案件，可作减轻刑事责任的辩护。⑤对事实清楚，证据确实、充分，但定性不准、适用法律不当的，应从案件性质方面进行实事求是的辩护。

3. 律师辩护词的结构。辩护词的结构，一般包括前言、正文、结束语三部分。应说明辩护人出庭的合法性，即是受被告人委托还是受人民法院指定。实践中，有的辩护律师还说明了是受律师事务所的指派，辩护人在开庭前进行了哪些工作，如查阅案卷，会见被告人，调查了解案情，等等。这就向法庭表明，自己的辩护意见是有根据的。

（四）律师的出庭辩护工作

开庭审判是刑事诉讼中具有决定意义的关键阶段，也是被告人的辩护权得以集中实现的重要程序。辩护律师应当认真履行职务，切实承担起维护被告人合法权益的责任。开庭审判大致分为法庭准备、法庭调查、法庭辩论、被告人最后陈述、评议和宣判五个阶段。辩护律师在每个阶段都有其特定的工作内容。

1. 法庭准备阶段的辩护工作。法庭准备阶段是开庭审判中的开始阶段，这一阶段的内容包括由审判长查明当事人是否到庭，宣布案由，宣布合议庭组成人员及书记员、公诉人、辩护人、鉴定人和翻译人员的名单；告知当事人有权对合议庭组成人员、书记员、公诉人、鉴定人和翻译人员申请回避；告知被告人享有辩护权。在这一阶段，辩护律师应做好以下工作：①查明有关诉讼参与人是否都到庭，如未到庭，应请法庭说明原因。如果律师认为这些人不出庭，有可能影响案件的公正审理，对被告人不利，而这些人又不能被及时通知到庭，应当申请法庭延期审理。②查看本案的合议庭组成人员、书记员、公诉人、鉴定人和翻译人员能否正确地履行各自的职责。如果上述人员中存在依据刑事诉讼法规定的应当回避的情形，辩护律师应向法庭提出。③注意法庭是否向被告人交代清楚被告人应享有的诉讼权利，如果没有交代清楚，或被告人不明白，应建议法庭补充交代和予以解释。④对于未成年的被告人，人民法院是否按照《刑事诉讼法》未成年人刑事案件诉讼程序的规定执行。

2. 法庭调查阶段的辩护工作。法庭调查是开庭审判的中心环节。这一阶段的内容是当庭对案件事实和证据调查核对。法庭只能在法庭调查认定的证据基础上作出审判决定性结论。因此，法庭调查是形成公正判决的基础。在这一阶段，辩护律师应通过积极询问当事人，诉讼参与人以核实案情，通过全面举证和质证来确立辩护意见，具体而言，辩护律师应做好以下几方面的工作：

（1）认真听取公诉人、自诉人宣读起诉书、自诉状，注意指控的罪名与起诉书或自诉状副本是否一致；听取被告人、被害人就起诉书所进行的陈述，注意与自己掌握的情况有无变化；听取公诉人、审判人对被告人的讯问。被告人、附带民事诉讼原告人、诉讼代理人对被告人的发问，以及被告人的回答，听取证人、鉴定人的作证和公诉人、被害人以及诉讼代理人、鉴定人的发问，对于公诉人向被告人、证人发问时有诱供、骗供的情形，应提请法庭纠正。对上述发问与回答的内容，应做重点记录，做好质证准备。

（2）适时申请审判长的许可，向被告人、证人、鉴定人等发问。辩护人发现被告人等陈述有不清楚之处，或者证人证言存在矛盾，或者有不利于被告人的伪证，或者发现鉴定结论有疑点，应经审判长许可，适时发问。发问应当为有利于被告人的证据材料。发问时，应注意针对有利于证明被告人无罪、罪轻等方面的事实和情节进行，不能使发问变成揭露、控诉被告人的指控，特别是在庭前准备工作中掌握的有利于被告人的一些情况，要在发问过程中证实，以确认其证据效力。发问应当具体、明确、扼要，切中要害。

（3）适时向法庭出示证据。辩护律师应适时地向法庭证明被告人无罪者罪轻的物证、书证等各种证据。出示前，应先向当事人说明该证据的特征，后应当向法庭出示，让当事人辨认核实。对未到庭的证人、鉴定人的证言笔录、鉴定结论、勘验笔录，应当庭宣读。对公诉人出示的各种证据，应提出自己的意见，特别是对于证明被告人有罪、罪重而又有可疑或不合法之处的应予以明确地阐释和说明。

（4）申请通知新的证人到庭，调取新的物证，申请重新鉴定或者勘验。庭审过程中，辩护律师如果发现了新的证据或者对原有证据产生疑问，认为有必要重新取证或者进行补充的，有权向法庭提出申请，请求新的证人到庭，参与庭审活动。

3. 律师在法庭辩论阶段的辩护工作。法庭辩论是在法庭调查的基础上，由控、辩双方就案件事实是否清楚，证据是否确实、充分，程序是否合法，被告人的行为是否构成犯罪，犯罪的性质，罪责的轻重，被告人的态度和表现，以及是否或如何适用刑罚等实体问题发表意见，并常常伴随着互相争论与辩驳的一项诉讼活动。它是法庭审判的重要环节。法庭辩论是辩护律师充分论证被告人无罪、罪轻或者具有从轻、减轻、免除其刑事责任表达自己的辩护意见的关键环节，出庭律师必须全力以赴。辩护律师参与法庭辩论的主要活动与程序是：①认真听取公诉人、被害人及其诉讼代理人的发言。在第一审程序中，法庭审理进入法庭辩论阶段后，首先由公诉人发言，亦称发表公诉词。接着由被害人及其诉讼代理人发言。辩护律师应认真听取公诉人、被害人及其诉讼代理人是如何从事实、证据、法律诸方面论证、分析被告人构成犯罪及其危害性以及应负的法律责任。要注意把握公诉人发言的主要观点和论据，对有疑义的地方，随时记录，以备答辩。并针对公诉人的发言，对辩护词进行再加工以使辩护词更加完备，更具有针对性。②听取被告人的自行辩护意见。对被告人的自行辩护意见，辩护律师应认真听取，正确的可以在辩护词中采纳予以支持。③发表辩护词。经过认真准备的辩护词是辩护律师针对公诉人的指控，从案件事实的认定到法律的适用等方面辩护。律师通过发表辩护词，全面发表自己的辩护观点。④与控诉方辩论。在公诉人与辩护律师的第一轮发言以后，控、辩双方可以就法律问题进行第二轮或多轮的辩论，审判长有权决定是否继续辩论。依照第一轮的发言次序，实行控辩双方机会均等原则。以律师的辩护词主要论点为基础进行深入阐述、论证，是对辩护词内容的深化。律师的辩论发言必须维护其辩护词的主题，对于公诉人的观点，也要有针对性地提出有理有据的辩驳，律师应抓住同公诉人在对基本事实和基本证据的认定、案件的性质等实质性问题上的根本分歧点进行辩论，不要在细枝末节的问题上纠缠，律师应在尊重事实和法律的基础上据理力争，敢于辩论。辩护律师在辩论中还应注意讲究语言的艺术性，以收到良好的辩护效果。

（五）陈述阶段的辩护工作

审判长宣布辩论终结后，被告人有最后陈述的权利。审判长应当告知被告人具有此项权利。在法庭进行评议判决之前，给被告人一次最后发言的机会。如果法庭限制或剥夺被告人作最后陈述的权利，辩护律师应向法庭要求保障被告人的这一权利。在听取被告人最后陈述时，如果被告人就案件事实提出新证据，辩护律师认为有必要就此查证时，应建议法庭恢复法庭调查或延期审理。

（六）法庭宣判后的辩护工作

法庭宣判后，辩护律师应立即会见被告人，征询他对判决的意见，行使辩护律师的职责。对于被告人服判，辩护律师也认为判决正确的，除判处死刑立即执行以外，辩护律师要教育被告人认罪服法，接受劳动改造，争取减刑。对于被告人不服判，而辩护律师认为判决正确的案件，应当说明判决正确的根据和理由。如果被告人未被说服，坚持上诉的，律师应当尊重其权利的行使。

八、二审、再审程序中的律师辩护

（一）二审程序中的律师辩护

二审是上一级人民法院根据当事人的上诉或者人民检察院的抗诉，对第一审法院尚未发生法律效力的判决、裁定进行重新审理的活动。无论是因当事人上诉还是因检察院抗诉而启动的二审程序，被告人均有权委托律师担任辩护人，被告人没有委托辩护人，而其符合法定条件的，人民法院应当为他指定承担法律援助义务的律师担任辩护人。此外，一审辩护律师还可以帮助被告人提出上诉。

（二）律师为被告人提出上诉

我国《刑事诉讼法》第 216 条规定：对被告人的上诉权，不得以任何借口加以剥夺。法律还规定，辩护律师在征得被告人同意的前提下，可以提出上诉。

1. 提起上诉的理由。辩护律师经被告人同意，可以为他上诉，在提起上诉时，应在上诉状中指出上诉理由。由于刑事诉讼法对上诉理由未作任何规定和限制，因而辩护律师可以在上诉状中阐述能找到的任何理由，对于被告人来说，上诉理由是否合法，是否充分，不影响第二审程序的进行。但是，辩护律师的职责要求他在辩护活动中以事实为根据，以法律为准绳。因此，提出的上诉理由也必须做到确实和充分。根据律师上诉实践，提出上诉的理由归纳起来主要有以下几种：①原判决、裁定认定的事实有错误。如对没有发生过的事情予以认定，并非被告人所为的行为却认定是被告人所为，认定的事实主次颠倒，认定的事实与客观不符。②原判决或裁定所依据的证据不确实、重要的证据没有收集，定案的证据之间存在着无法解释的矛盾。③原判决、裁定适用法律有错误。混淆了罪与非罪、轻罪与重罪、此罪与彼罪的界线，影响了正确判决。④原判决、裁定量刑不当。原判决、裁定对依法有从轻、减轻、免除处的情节未加考虑，量刑过重，不符合罪刑相适应的原则。⑤原审诉讼过程中，有违反法定诉讼程序的情况。主要是指原审审判人员在审判案件时，不遵守刑事诉讼法的规定，审判程序不合法，有指供、诱供、骗供现象，应予回避的人员未回避，限制或剥夺了被告人的辩护权，未遵守法定期限，审判组织不合法，应予公开审理的案件未公开审理等等，侵犯了被告人依法享有的诉讼权利，影响了公正裁判。

2. 提起上诉的方式。应向原审法院提出上诉为宜。主要是考虑到法律宣传的不普及和人们法律知识的欠缺，由于司法工作中存在的某些缺点，使得有些当事人特别是被告人，对上诉往往有种种顾虑，有的担心原审法院说他认罪态度不好，有的担心原审法院扣押上诉状不往上呈，有的担心上诉理由会激怒原审判人员等。这些顾虑和担心对于辩护律师来说是不存在的。他之所以参加诉讼就是为了给被告人提供法律帮助，维护被告人的合法权益。同时，辩护律师通过原审提出上诉，可以减少案件的移转程序。根据法律规定，通过原审人民法院提出上诉的，原审人民法院应当在三日以内将上诉状连同案卷、证据移送上一级人民法院，同时将上诉状副本送交同级人民检察院和对方当事人。直接向第二审人民法院提出上诉的第二审人民法院应当在三日以内将上诉状交原审人民法院送交同级人民检察院和对方当事人。显然，直接向第二审人民法院上诉，增加了案件的移转程序。

3. 提起上诉的期限。

（1）《刑事诉讼法》第 219 条规定：不服判决的上诉和抗诉的期限为 10 日，不服裁定的上诉和抗诉的期限为 5 日，从接到判决书、裁定书的第 2 日起算。这一规定适用二审程序中任何情况下的上诉和抗诉，无论当事人或者近亲属，也无论是辩护律师或人民检察院，都必须遵守这一法定期限规定。

（2）根据《刑事诉讼法》第 103 条关于"法定期间不包括路途上的时间。上诉状或者其他文件在期满前已经交邮的不算过期"，辩护律师如果前往法院上诉，其住所或者工作地不在人民法院所在地，应当扣除在路途上所需要的时间。辩护律师通过邮局寄送上诉状的，应以交邮时间为准，而不应以法院收到的时间为准。只要交邮的时间是在上诉期限内，虽然上诉状到达人民法院的时间超过了上诉期限，也不能认为是逾期。期满前交邮，一般以邮戳日期为标志。《刑事诉讼法》第 104 条规定：当事人由于不能抗拒的原因或者有其他正当理由而耽误期限的，在障碍消除后 5 日以内，可以申请继续进行应当在期满以前完成的诉讼活动。这一规定应外延到辩护律师代行上诉，辩护律师经被告人同意，如果由于不能抗拒的原因或者其他正当理由而耽误了上诉期限，可以在障碍消除后五日以内，向原审人民法院申请继续代行上诉。

（三）律师参加二审案件的辩护

1. 辩护律师参加第二审人民法院开庭审理案件的辩护工作，同一审程序大体相同，包括开庭前的准备，拟写辩护词，参加法庭调查和法庭辩论等。

2. 辩护律师在第二审人民法院以不开庭审理方式审理案件时的辩护工作，除《刑事诉讼法》第223条第1款规定的应当组成合议庭，开庭审理的案件外，其他上诉案件，合议庭经过阅卷，讯问被告人，听取其他当事人、辩护人、诉讼代理人的意见，对犯罪事实清楚的，可以不开庭审。对二审法院不开庭审理的案件，辩护律师应在充分做好辩护准备工作的基础上，全面研究案情和有关法律规定，写出详细的二审辩护词，连同案件的有关材料一并提交人民法院。此后，辩护律师应同二审人民法院经常取得联系，了解案件的审理进度，及时向二审人民法院补充材料，阐述理由直到案件审结。

（四）再审程序中的律师辩护

再审程序即审判监督程序。刑事诉讼中的再审，是人民法院对于已经发生法律效力而在认定事实或者适用法律上确有错误的判决、裁定，依法重新审判的诉讼活动。根据《刑事诉讼法》第241条的规定，当事人及其法代理人对已经发生法律效力的判决、裁定，可以向人民法院或者人民检察院提出申诉但是不能停止判决，裁定的执行。《刑事诉讼法》第242规定，当事人及其法定代理人、近亲属的申诉符合下列情形之一的，人民法院应当重新审判：①有新的证据证明原判决、裁定认定的事实确有错误的，可能影响定罪量刑的；②据以定罪量刑的证据不确实、不充分依法应当予以排除，或者证明案件事实的主要证据之间存在矛盾的；③原判决、裁定适用法律确有错误的；④违反法律规定的诉讼程序，可能影响公正审判的；⑤审判人员在审理该案件的时候，有贪污受贿，徇私舞弊，枉法裁判行为的。根据《律师法》第28条的规定，律师可以接受委托代理对生效裁判的申诉。

（五）律师为被告人提出申诉

律师接受被告人的委托，可以代理申诉。律师接受委托后，应进行审查，认为申诉符合法定条件的，应代写申诉状，提出申诉的请求和理由，提出新的证据和证人名单。提出申诉的途径有两种：

1. 向人民法院提出申诉。根据《刑事诉讼法》的规定，原审人民法院、上级人民法院和最高人民法院发现案件确有错误后，均有权提起审判监督程序，申诉便是其发现确有错误的途径之一。因此，律师的代理申诉可向这些人民法院提出。一般而言，案卷在原审人民法院，向其提出申诉会便利审查工作，所以，申诉应向原审人民法院提出，在原审法院驳回申诉、维持原判后，可再向其上一级法院申诉，这就是逐级申诉的原则。

2. 向人民检察院提出申诉。根据《刑事诉讼法》的规定，最高人民检察院对各级人民法院已经发生法的判决、裁定，上级人民检察院对下级人民法院已经发生法律效力的判决、裁定，如果发现确有错误，有权按照审判监督程序提出抗诉，接受抗诉的人民法院应当组成合议庭重新审理，对于原判决事实不清楚或者证据不足的，可以指令下级人民法院再审。申诉是人民检察院发现生效裁判确有错误的情形之一。因此，律师可以向人民检察院提出申诉，特别是对于那些向人民法院申诉被驳回，而律师又认为原判决、裁定确有错误的案件，可以向上级人民检察院提出申诉。

（六）律师参加再审案件中的辩护

根据《刑事诉讼法》第 245 条的规定，人民法院按照审判监督程序重新审理的案件，由原审人民法院审理的应当另行组成合议庭进行。如果原来是第一审案件，应当依照第一审程序进行审判所作的判决裁定，可以上诉、抗诉；如果原来是第二审案件，或者是上级人民法院提审的案件，应当依照第二审程序进行审判所作的判决、裁定，是终审的判决、裁定。

九、刑事自诉案件的律师代理

（一）自诉案件的概念、范围和特点

自诉案件是指被害人或者他的法定代理人为追究被告人的刑事责任向人民法院提起诉讼，由人民法院直接受理的案件。根据我国现行的立法和司法实践，刑事自诉案件可分为三类：一是《刑法》明确规定"告诉才处理"的案件，如暴力干涉他人婚姻自由案，虐待家庭成员案；侮辱、诽谤案等与人身权利密切相关的案件；二是在司法实践中不需要侦查的轻微刑事案件，例如轻伤害、重婚、遗弃、破坏现役军人婚姻罪等情节轻微的案件。三是公诉转自诉的案件，这三类案件的基本特点是：起诉权由受害者自己行使；案件由人民法院直接受理和审判；调解是审理的重要程序和终止诉讼的重要手段；但根据《刑事诉讼法》第 206 条的规定，第三类自诉案件，即公诉转自诉案件不适用调解。自诉案件中的被告人有提出反诉的权利。这些特点是由自诉案件本身的性质所决定的，因为这些案件都属于人民内部矛盾，而且犯罪情节轻微，社会危害不大。有些案件的当事人双方，还具有亲属关系或负有抚养或监护的义务，其犯罪行为所侵犯的直接客体多属公民个人的人身权、名誉权或与其人身关系相关联的其他权益，因而是否请求人民法院追究被告人的刑事责任的起诉权由被害人自己行使，也即属于"亲告罪"而不属于公诉案件。而人民法院对这类案件，则采取"不告不理"或"告诉乃论"的态度。因此，才派生由调解程序和调解结案的可能以及可以撤诉或允许反诉的规定。自诉案件中自诉人是案件的当事人，是自诉案件中的原告，他不仅享有诉讼主体的全部诉讼权利，如申请回避，参加法庭调查和辩论，同意和解、撤诉和不服地方各级人民法院的判决、裁定，提出上诉、申诉的权利，而且负有指控被告人犯罪和提供有关证据证明被告人犯罪的义务。因而，自诉人委托律师作为他的诉讼代理人，出庭帮助其行使诉讼职能是极为必要的。

（二）律师接受自诉人的委托时应注意的问题

律师在接受自诉人的委托时应注意以下几个问题：基本事实是否清楚，基本证据是否具备，这里所说的基本事实包括侵权、加害的积极行为和负有法定义务而不作为的消极行为，以及由于被告人的这些行为，给被害人的人身、精神、物质或其他合法权益造成一定的损害和行为与后果的因果关系。这里所谓的基本证据，是指能够证明被害人与被告人之间的法律关系（如是否家庭成员或负有某项法定的义务）、被告人侵害被害人合法权益的行为过程、危害结果的书证、物证和证人证言。当然，这里所说的基本事实和基本证据，并不是所有的情节和全部证据。但这两个基本的要求，必须能够足以表明罪与非罪的事实和足以证明主要罪行的证据，因为这是能否提起刑事自诉案件的关键。

1. 有无和解的可能。由于这类案件的主要矛盾是发生在原、被告双方，并不排除和解的可能，这类案件，多属于人民内部矛盾，且社会危害性不大，法律允许当事人之间自行和解。这种和解可以在诉讼前形成，也可以在诉讼过程中在法院主持下进行。所谓诉前和解是指双方当事人之间通过协商达成协议，使纠纷得到解决的一种行为。当然，这种协议是由双方自行协商、自愿达成的，故而也应靠双方自觉的履行。作为律师，在接受一方当事人聘请的同时，就应该充分地考虑双方当事人之间有无和解的可能，必要时也可与对方当事人接触，如能得到对方当事人的信任或委托，则应尽力从中调停、取得双方的谅解，以达到息诉解纷的目的。只有在调解无效的情况下，才可以提起诉讼。总之，律师不应以不恰当方式加剧矛盾，更不能挑词架讼，这是由律师职业道德执业纪律所要求的。

2. 是否构成了犯罪。关于是否构成犯罪的问题，一是要从《刑法》总则的规定，看其危害社会的行为是否依照法律应当受刑罚处罚，二是看其情节是否属于情节显著轻微、危害不大，因为情节轻微和显著轻微不仅有区别，而且社会危害性的大小不一样，也并不简单地表现在量刑的问题上。由于法律对情节显著轻微、危害不大的，明文规定了"不认为是犯罪"，因此这是区分罪与非罪的界线。此外，还要从《刑法》分则的具体条文规定中看，是否构成了具体犯罪，即从犯罪构成的诸条件分析，审查被告人的行为构成了那种罪名，这是解决此罪与彼罪的问题。因为既然是向法院起诉，就需要撰写起诉状，而起诉状中必须写明具体恰当的罪名和引用具体的法律条款，只有根据具体法律规定，才能提出具体的指控。

3. 关于反诉的规定。原自诉案件的代理律师和为被告人的辩护律师，在人民法院合并审理中，则将出现一身而二任的情况，即原自诉案件中的被告人的辩护人在反诉中将处于代理人的地位，负有指控原自诉人犯罪的职责；而原自诉案件中自诉人的代理人将居于辩护人的地位，要依法为反诉中的被告人执行辩护的任务。双方的律师都要注意这种诉讼地位的变化和指控与辩护的交叉，尽职尽责地维护各自委托人的合法权益。在法庭辩论阶段，先由自诉人和自诉人的代理人发言，后由被告人和辩护人发言，并且可以根据各自指控、反驳的论点、论据互相展开辩论。关于代理律师的代理，不仅是代表自诉人向人民法院对被告人的揭露、指控和具体要求的意见表述，而且也是一份宣讲法律、宣传社会主义法制、宣扬社会主义伦理道德的演说词。因而，代理词的观点要鲜明，论据要有力，所适用的法律条款要得当，这对于维护自诉人的合法权益，教育被告人认罪服法，为法院的审理提供依据和对正确的判决打下基础，产生良好的社会影响。在发表代理词后的互相辩论中，要根据被告人及其辩护人的论点、论据进行有针对性的反驳，同时还要根据法庭调查中查明的事实，审查过的证据及时修改、补充、完善自己的代理意见，在维护被告人合法权益的前提下，充分发挥代理律师的优势，机智、灵活地做出有理、有据、有力的发言，态度要冷静、说理要明确，力避使用讽刺或压服的言辞，切忌纠缠细节，避免在法庭上无谓争辩。

第二节 律师民事代理

一、律师民事代理的概述

律师的民事代理制度是指律师接受当事人或者法定代理人的委托，受律师事务所的指派，在民事诉讼中代理当事人进行诉讼行为的制度。以当事人名义进行民事诉讼的律师称为委托代理人，进行民事诉讼的当事人或法定代理人称为被代理人。律师的民事诉讼代理制度是由有关法律规定的。《民法通则》第

63 条第 1 款规定：公民、法人可以通过代理人实施民事法律行为。《民事诉讼法》第 58 条规定：当事人、法定代理人可以委托 1 至 2 人作为诉讼代理人。律师、基层法律服务工作者，当事人的近亲属或者工作人员，当事人所在社区、单位以及有关社会团体推荐的公民，都可以被委托为诉讼代理人。律师代理当事人进行一定的民事诉讼行为，是民事代理的一种。依据我国有关法律的规定，律师的民事诉讼代理必须首先符合民事代理的一般特征：必须依法取得代理人的身份，律师是从事法律服务工作的专业人员，根据有关的法律规定，在与当事人或法定代理人建立委托代理关系后，取得代理权，以委托代理人的身份进行诉讼；必须以被代理人名义进行诉讼活动。律师本身并不是独立的诉讼主体，如果仅以自己的名义为他人办理事务，则不能称为代理。根据我国的法律规定及司法实践，代理的实质就是代理人必须以被代理人名义进行诉讼活动，否则属于无效代理；必须在接受委托的权限范围内进行诉讼活动。代理制度的适用，是为了实现被代理人的合法权益，未经授权代理人不能进行任何诉讼活动。超越代理权限范围，则属越权代理，法律后果由代理人自负；代理人在代理权限范围内进行的诉讼活动所产生的后果，由被代理人承担。代理行为所产生的权利属于被代理人，其义务亦归于被代理人，其中包括代理人在授权范围内执行代理职责所造成的损失的责任。律师的民事诉讼代理，除了必须具备民事代理的一般特征外，从其自身属性看，还应当具备以下特征：

（一）律师民事代理的基础

律师的民事代理所产生的基础，只能是民事诉讼当事人或法定代理人的委托。民事诉讼的当事人是指因自己的民事权益受到侵害或者与他人发生争执，而以自己名义进行诉讼的公民、法人和其他组织。法定代理人是指依法对无行为能力或限制行为能力当事人行使代理权的人。根据我国《民事诉讼法》和《律师法》的规定，律师可以接受民事案件当事人、法定代理人的委托，作为诉讼代理人参加诉讼。即律师民事诉讼代理产生的基础只有委托代理一种，其理由首先在于《民法通则》明确规定，无民事行为能力或限制民事行为能力的人都有其监护人，而监护人就是他们的法定代理人。从法律规定看，不存在为当事人指定代理人的情况，所以，在民事诉讼中，也就不存在为当事人指定律师代理的问题。因为，作为当事人的法定代理人（监护人）必须要履行代为当事人进行诉讼的职责。其次，作为律师代理进行民事诉讼的主要法律依据的《民事诉讼法》和《律师法》中，都对委托代理进行民事诉讼活动明确了规定。

（二）律师民事诉讼代理具有的特定身份

所谓特定身份是指在民事诉讼中，律师是以国家专业法律服务工作者身份出现，他不同于其他一般诉讼代理人。如当事人的近亲属、相关的社会团体或所在单位推荐的人以及经人民法院许可的其他公民。

律师代理与其他诉讼代理人的区别：

1. 律师以外的其他诉讼代理委托关系直接产生于代理人和被代理人之间，而律师的民事诉讼代理委托关系，存在于律师工作机构、律师和被代理人三者之间。

2. 律师以外的其他人的诉讼代理，直接由被代理人授权产生，而律师的民事诉讼代理，根据我国《律师法》及有关规则规定，律师承办业务由律师事务所统一接受委托，被代理人通过与律师工作机构签订委托代理合同，由律师工作机构指派某一律师作为案件的诉讼代理人。

3. 律师作为国家专业法律服务工作者，在诉讼中除了以其所掌握的法律知识维护所代理当事人的合法权益外，还肩负着保证国家法律正确实施的任务，所以，更应坚持以事实为根据，以法律为准绳等诉讼原则，正确履行自己的职责。

4. 律师的民事诉讼代理存在于诉讼过程中。诉讼过程就是当事人打民事官司的过程，也是人民法院解决民事纠纷的过程。在不同的诉讼阶段，其代理可以有不同的内容。但律师的代理活动必须以诉讼过程存在为前提，是为达到一定的诉讼目的而进行一系列的诉讼行为。如果代理活动不存在于诉讼过程中，就不称其为"诉讼代理"。律师的民事诉讼代理直接地受到《民事诉讼法》的调整，如诉讼代理关系的开始、中止、终结，代理权限范围如何等，都由《民事诉讼法》直接规定。

5. 律师的民事诉讼代理是代理进行一定的诉讼行为。诉讼代理必须进行具有一定法律意义的诉讼行为，这是诉讼代理与一般代理的根本区别。诉讼代理也不同于商务代理。所谓商务代理是由商务代理职能机构进行的纯商业意义的代理。如代为财产租赁信托、股票发行、商品代购代销等事务，这些不属于专业化律师的工作职能。民事诉讼代理是律师根据被代理人的授权委托代为进行起诉或应诉，进行辩论或调解、上诉或申诉，从而产生一定的诉讼上的法律后果，这种法律后果直接涉及被代理人的权利和义务。代理律师就是通过一系列的诉讼活动，达到最终保护被代理人合法权益的目的。

二、律师民事代理与其他代理及刑事辩护的关系

为了更好地揭示律师民事诉讼代理的内涵，有必要将它与其他代理和刑事辩护的关系加以分析。

（一）律师民事代理与民事实体代理的关系

民事代理与民事实体代理同属于代理制度。所谓民事实体

代理是指律师接受被代理人委托或人民法院指定，为被代理人进行能够产生民事实体权利和义务关系发生或变更的法律行为。律师接受当事人的委托参与一定的民事法律关系，通过参与这些活动，为公民、法人或其他组织实现某种民事权利。例如：参与国内外各项经济谈判；草拟审查和签订各项合同；办理招标、投标、股票发行、股权认证、合同变更、技术转让、抵押、拍卖、租赁信托、财产文书托管、财产继承、房地产交易等事项。总之，凡是律师接受当事人委托所进行的非诉讼民事经济法律事务，一般属于实体代理。律师的民事诉讼代理有时是以民事实体代理为基础的，如关于专利诉讼的代理，一般是专利律师以代理某项专利事务为基础，一旦发生纠纷，就从实体代理转为诉讼代理。司法实践中常常表现为民事实体代理与诉讼代理是一件事务的两个方面或两个环节的情形。

（二）律师民事代理与行政诉讼代理的关系

律师的行政诉讼代理是指律师接受行政诉讼当事人或法定代理人的委托担任诉讼代理人，参与行政诉讼行为。行政诉讼与民事诉讼和刑事诉讼并列，称为我国三大诉讼制度。行政诉讼是从民事诉讼中分离出来的，在其发展初期，适用民事诉讼程序，《行政诉讼法》颁布实施后，行政诉讼才从民事诉讼中独立出来。但是，由于法律规定不全面，司法实践中，对于《行政诉讼法》中未规定的内容，也常常借助适用《民事诉讼法》的有关规定。所以，律师的民事诉讼代理和行政诉讼代理在某些方面是相同或是有联系的。

行政案件并不同于民事案件，有其特殊性，所以，两种诉讼代理也存在如下区别：

1. 代理案件的性质不同。民事诉讼代理的是当事人之间因财产关系、人身关系而发生的民事经济争议，而行政诉讼代理的是行政管理机关与行政管理相对人之间的行政争议，具体包括《行政诉讼法》中所列举规定的行政案件。

2. 适用的法律规范不同。民事诉讼代理主要适用的是民事实体和民事程序法律规范；而行政诉讼代理主要适用的是行政实体和行政诉讼法律规范。如：《治安管理处罚法》、《行政诉讼法》等。

3. 代理的当事人主体资格不同。民事诉讼发生于公民之间、法人之间、其他组织之间以及他们相互之间，所以，作为被代理当事人的范围是相当广泛的，当事人之间构成的是民事法律关系，主体之间法律地位是平等的，一方当事人只要认为对方当事人侵犯了他的合法权益而委托律师提起诉讼的，律师均可接受委托代为诉讼。在民事诉讼中，律师代理的当事人都享有平等的诉讼权利和义务，都有起诉或反诉机会。而行政诉讼，当事人的范围则是限定的，原告必须是其合法权益已受到行政机关具体行政行为侵犯的公民、法人或其他组织，被告必须是对以上原告做出具体行政行为的行政机关。行政案件中，原告和被告之间形成的是行政法律关系，其主体地位是不平等的，其中一方的国家行政机关，享有国家赋予的行政管理和给予对方行政处罚或处理的权利，而对方则是处于接受管理和受处罚或处理的地位。同样，在行政诉讼过程中，作为原、被告的诉讼地位虽属平等，但其诉讼权利义务却不对等。如只有原告享有起诉权，而被告却不享有起诉权或反诉权；原告在诉讼中可以向被告、证人收集证据，而被告却不能自行向原告、证人收集证据，行政诉讼中行政机关只能当被告。

4. 代理提起诉讼的前提条件不同。民事诉讼代理是以当事人的民事权益受到侵犯或者发生争议为前提条件，而行政诉讼代理则要以具体的行政决定为前提，即必须以具体行政机关的处理决定或行政复议机关的复议裁决为提起诉讼的前提条件。

5. 代理当事人诉讼的代理权限不同。在民事诉讼中，当事人委托律师代为诉讼的可以是一般授权，也可以是特别授权，而在行政诉讼中，当事人委托律师代为诉讼的，作为原告的公民、法人或其他组织可以有一般授权，也可以有特别授权，但作为被告的行政机关，只能是一般授权，律师也只能进行一般的诉讼代理。因为，作为被告的国家行政机关，对被管理的公民、法人和其他组织，做出处罚或处理的决定行为，是国家宪法、法律赋予的权力，对这种法定权力，任何机关和个人不得转化、放弃、处分。因此，作为被告的国家行政机关不能特别授权于律师。

6. 代理诉讼的内容目的不同。民事诉讼代理涉及的是双方当事人的民事权益，解决的是双方当事人之间民事权利义务关系引起的纠纷，其诉讼目的在于保护被代理当事人的合法权益，而行政诉讼代理涉及的是国家行政权力的行使，解决的是国家行政机关依据职权所作的行政处罚决定或其他行政处理决定是否合法、正确的问题。其诉讼目的在于保护受行政处罚或行政处理的公民、法人和其他组织的合法权益。

7. 代理诉讼遵循的原则不同。民事诉讼与行政诉讼都是进行诉讼活动，有些诉讼的基本原则对二者都是适用的。但是，有一些指导民事诉讼的基本原则不适用于行政诉讼。如调解原则、处分原则、当事人举证责任原则。同样，有些指导行政诉讼的原则也不适用于民事诉讼。

（三）律师民事代理与刑事诉讼代理的关系

律师刑事诉讼代理是指在刑事诉讼中律师接受自诉案件自诉人或公诉案件被害人及其近亲属、附带民事诉讼当事人的委托，担任代理人参加诉讼，为自诉人、被害人、附带民事诉讼当事人提供法律帮助的活动。

1. 律师民事代理与刑事诉讼代理有联系：

（1）都是律师进行代理的业务范畴；

（2）产生代理的基础都是根据当事人的委托；

（3）代理的权限是在委托人授权委托范围之内；

（4）代理产生的后果，即司法机关所确定内容，应由被代理人承担。

2. 律师民事代理与刑事诉讼代理有区别：

第一，代理的性质不同。两种代理存在于不同的诉讼关系中，分别受不同法律规范的制约和调整。民事诉讼代理解决的是民事案件当事人民事权利义务之争，通过民事诉讼活动，来保护被代理人合法权益，主要受民事诉讼法的调整。而刑事诉讼代理，解决的是刑事案件被告人是否构成犯罪，以及通过刑事诉讼活动，如何维护委托人的合法权益，其代理活动的内容、期限、步骤等受《刑事诉讼法》的调整。

第二，代理的内容及后果不同。民事诉讼中的代理，律师主要是围绕着当事人间民事权利义务关系是否存在、变更以及一方是否履行特定义务为中心，代理所产生的后果为人民法院用裁判或调解书所确定的民事权利义务。而刑事诉讼中的代理（除附带民事诉讼代理外），律师的主要职责是提出事实、证据、法律依据，行使代理职能，以说明被告人应负的责任。代理所产生的后果是人民法院对被告人做出有罪、无罪或轻罪的裁判。

第三，代理进行诉讼的委托人不同。民事诉讼中，委托人是民事案件的当事人（可以是原告、被告、共同诉讼人、代理诉讼人、第三人）及法定代理人，而刑事诉讼中，委托人是刑事自诉案件的自诉人、公诉案件被害人和附带民事诉讼的当事人。

（四）律师民事代理与刑事辩护的关系

刑事诉讼中律师辩护是指律师在刑事诉讼中接受刑事被告人的委托或人民法院指定参加诉讼，依照事实和法律维护被告的合法权益，提出证明被告人无罪、罪轻或者减轻、免除刑事责任的材料和意见的诉讼活动。民事诉讼代理与刑事辩护虽然同属诉讼活动，都由诉讼法律规范加以调整，但律师民事代理与刑事辩护两者的区别：

第一，依据不同的法律进行性质不同的诉讼。民事诉讼代理主要依据民事实体和民事程序法的规定，进行民事诉讼活动；而刑事辩护则主要依据《刑法》和《刑事诉讼法》的规定，进行刑事辩护活动。

第二，两种活动的目的不同。民事诉讼代理，是要通过代理进行诉讼行为，使人民法院正确认定民事法律事实，准确做出裁判，保护被代理人合法权益；而刑事辩护则是为了保护刑事被告的合法权益。

第三，律师参加诉讼的基础不同。律师民事诉讼代理只能基于当事人或法定代理人的委托，而刑事诉讼中律师辩护，除了犯罪嫌疑人由被告人自行委托外，在符合法律规定的条件下，犯罪嫌疑人、被告人可依申请获得法律援助或专门机关依职权对其提供法律援助。

第四，律师帮助的对象不同。刑事辩护中律师帮助的对象为犯罪嫌疑人，被告人，而民事诉讼代理中，律师帮助的对象是民事诉讼当事人，可以是原告、被告或者第三人。

第五，律师在两种诉讼活动中地位不同。刑事辩护中，律师是独立的诉讼参与人，有独立的诉讼地位；而民事诉讼代理中的律师，由于是以被代理人名义进行诉讼活动，并且限于一定的授范围内，所以，他没有独立的诉讼地位。

第六，两种诉讼活动的工作方法不同。民事代理和刑事辩护是两种不同性质的诉讼活动，法律规定和司法实践中其工作方法或原则不同。如：辩护律师一般要通过与被关押的被告见面和通信，调查核实证据；而民事代理律师则无须进行此项工作，民事代理律师要以调解原则、处分原则参与诉讼活动，而辩护律师则主要依据事实和法律参与诉讼活动，不受民事诉讼法特有原则的指导。

（五）律师民事诉讼代理的意义

律师民事诉讼代理制度的建立，对于保障民事法律贯彻实施，维护被代理人的合法权益有着重要意义。

第一，律师民事诉讼代理制度有利于更充分地维护当事人的民事权益。律师接受当事人或法定代理人的委托参加民事诉讼，可以为无行为能力或者限制行为能力人提供法律服务，又可利用自己所掌握的熟悉的法律知识为当事人和法定代理人提供法律上的帮助，确保每个公民都能实现其诉讼权利和义务，在法庭上更好地为当事人权益的取得和保护尽职尽责。律师为法人代理民事诉讼，对于解决企业之间的经济纠纷，增强企业活力，具有重要作用。特别是代理企业的法定代表人参加诉讼活动，保护企业的合法权益。

第二，律师代理我国公民、法人和其他组织进行涉外民事诉讼，或者是代理外国公民或组织在中国进行民事诉讼，帮助外国人在诉讼中实现其民事合法权益，对促进对外关系的发展，引进外国投资和技术具有重要作用。

第三，律师作为诉讼代理人参加诉讼，有利于法院查清案件事实真相，及时、准确地审理民事案件，做出正确的判决与裁判。由于律师为了维护委托人的合法权益，并通过自己的专业知识对案情作潜心研究。因此，其代理意见更具有说服力，审判人员也普遍重视律师的意见，对于防止冤假错案的发生起着主要作用。

第四，律师代理民事诉讼有利于增强诉讼中的民主气氛，并可制约某些审判人员的不良作风，对保证公正执法，保证国家法律的正确实施有促进作用。律师是从事法律服务工作的专业人员，不仅要对当事人负责，同时还背负着本身特有使命，在诉讼过程中，要树立民主诉讼新风尚，对于某些审判人员的专横作风要予以抵制，发挥相互配合与制约的作用。

三、律师民事诉讼代理的范围

（一）律师民事诉讼代理的范围

民事诉讼代理范围是指律师作为民事诉讼代理人参加诉讼活动的案件范围和时间范围。依照《民事诉讼法》第3条规定：人民法院受理公民之间、法人之间、其他组织之间以及他们相互之间因财产关系和人身关系提起的民事诉讼，适用本法的规定。由此可见，律师在民事诉讼代理中可以办理的案件范围是相当广泛。凡是属于人民法院立案的民事案件，凡是公民、法人或其他组织主张权利并有授权委托的，都可以由律师代理进行诉讼。

1. 律师民事诉讼代理的案件范围。关于律师民事诉讼代理的具体案件范围大体如下：①民法调整的财产关系案件，这类案件范围大，主要可分为涉及财产所有权及与财产所有权有关的财产权案件、债权债务案件等；②民法调整的人身关系案件，如姓名权案件，健康权案件，名誉权案件，肖像权案件，宣告失踪、死亡案件，认定无行为能力、限制行为能力案件等；③民法调整的知识产权关系案件。如著作权、专利权、发明发现权、商标权案件等；④继承法调整的继承关系案件；⑤婚姻法调整的婚姻家庭关系案件，如：婚姻身份关系案件，收养关系案件、监护关系案件等；⑥经济法规调整的经济纠纷案件，其中包括各类涉及具体经济关系的纠纷案件；⑦劳动法调整的因劳动问题引起的纠纷案件，如因履行劳动合同发生争议的案件，因开除、辞退违纪职工产生争议的案件；⑧其他案件。指与财产关系和人事关系有关的其他案件。如民事诉讼法特别程序中规定的认定财产无主案件、选民资格案件等，以及民事诉讼法中的公示催告案件、督促程序的某些案件。

2. 律师民事诉讼代理案件的时间范围。时间范围是指律师代理进行民事诉讼的期间。一般来说，在整个民事诉讼过程中，接受委托的律师都可以作为代理人，代为进行民事诉讼活动。民事诉讼过程的开始并不以人民法院对具体民事案件立案为前提，只要依法能够通过民事诉讼得以实施或调整的法律事务，律师都可以进行代理。民事诉讼过程包括接受委托后起诉前的诉前代理和法院受理案件以后的代理。它具体包括以下几个阶段：①接受委托；②准备起诉或应诉；③参加法庭审理的代理；④上诉代理；⑤申请再审代理；⑥申请执行代理等。

关于律师民事诉讼代理的时间范围，是从总体而言。在具体案件中受到各种条件限制，如果庭前和解，则不需代理进行起诉、应诉。一审过程中如果当事人解除委托关系或者代理律师辞去委托，就造成诉讼过程中代理关系的终结，至于是否上诉或申请再审，则需要有委托人的另行授权委托方可进行代理。

（二）律师民事诉讼代理的类型

把律师民事诉讼的代理进行分类，是为了便于弄清律师在各种不同民事诉讼代理中的作用，以便更清晰地认识律师诉讼代理的实质和内容，根据不同标准，可以对律师民事诉讼代理作具体分类：

1. 一般型代理和特别型诉讼代理。根据律师的代理权限不同，可将其分为一般的诉讼型代理和特别授权型诉讼代理。所谓一般诉讼型代理是指委托人仅把诉讼权利授予律师，而将实体处分权利不授予律师的代理。特别授权型代理是指当事人不仅把诉讼权利授予律师，而且还将自己实体处分权利全部或部分的授予律师代理。

根据民事诉讼法的规定，当事人的诉讼权利分为两种：一是不直接涉及处分实体权利的纯粹的权利，如申请实体权利、提供证据权利、申请新证人到庭的权利、进行辩论的权利；二是直接涉及处分实体权利的，如代为承认、放弃、变更诉讼请求，进行和解，提起反诉或上诉等。

律师民事诉讼代理权是由被代理人的授权委托而产生，在民事诉讼中，被代理人根据自己的意见，可以把纯粹的诉讼权授予律师，也可以把处分实体权利授予律师。根据《民事诉讼法》第59规定：委托他人代为诉讼，必须向人民法院提交由委托人签名或者盖章的授权委托书。授权委托书必须说明委托事项和权限。诉讼代理人代为承认、放弃、变更诉讼请求，进行和解，提起反诉或者上诉，必须有委托人的特别授权。因此，依据代理权限不同，律师民事诉讼代理分为一般诉讼代理和特别授权诉讼代理。一般诉讼代理和特别授权诉讼代理决定了代理律师的代理权限和内容，是代理律师首先必须阐明的问题。

2. 诉讼型代理和执行型代理。根据律师代理参加诉讼的阶段不同，分为一审诉讼代理，二审诉讼代理和再审程序的诉讼型代理和执行型代理。诉讼阶段不同，律师的代理类型和工作方法各有不同，一审诉讼程序、二审诉讼程序、再审诉讼程序是人民法院审理民事案件的三个不同阶段程序，而执行程序是为落实民事判决或裁定得以实现的最终程序。律师参加第一审程序的代理，是律师对人民法院初步审理案件的代理。因此，律师在这阶段的民事诉讼代理中，主要是帮助当事人提出证据，阐明诉讼请求和理由，要求人民法院公正裁判，从实际情况看，第一审比第二审及其他诉讼程序律师的代理工作量更大。律师参加第二审民事诉讼的代理，主要是弄清一审判决认定的事实是否清楚，证据是否确实充分，适用法律是否得当，然后对第一审裁判的意见在第二审的诉讼请求提出代理意见，第二审由于是在一审基础上对原一审案件审理的继续，因此，律师应当对一审情况要有全面掌握，并且针对一审中的不合理部分，依据当事人符合法律规定的意思表示提出自己的代理意见。第二审的代理工作也很重要，由于其代理后果会发生人民法院判决或裁定即时生效问题，所以，第二审的代理的重要性是不能忽略的。律师参加再审程序代理，是针对已发生法律效力判决、裁定引起的程序的代理。再审可以由人民法院提起，可以由上级人民检察院抗诉提起，也可以由当事人申请提起。再审中的代理，律师首先应当分析提起再审是否符合法定条件，然后审查判决和裁定是否有错误，适用法律是否正确，包括实体法和程序法的适用。在这一程序中的代理，律师主要提出纠正原审裁判的事实证据和法律根据；律师参与执行程序代理，主要代理当事人对生效裁判向法院提出执行或终止执行的代理意见。律师在不同诉讼阶段的代理有着不同的工作步骤和方法，因此，弄清不同诉讼阶段的工作要求，对区别不同阶段律师代理的性质、任务都具有意义。

3. 涉外型民事代理和对内型民事的代理。根据民事诉讼代理是否具有涉外因素，可分为律师涉外民事诉讼代理和非涉外民事诉讼的代理。

涉外民事诉讼指民事案件的诉讼具有涉外因素，涉外因素一般是指三种情况：①诉讼当事人一方或双方是外国人、无国籍人，外国企业或组织；②产生、变更或消灭民事法律关系的法律事实存在于国外；③诉讼争议的财产在国外。在中国涉外民事诉讼的代理，依据我国《民事诉讼法》规定，必须委托中国律师。

非涉外民事诉讼是指我国国内除涉外因素以外的民事诉讼。

以上两种诉讼各自有不同的特点，对涉外诉讼而言，有其独特的诉讼原则，管辖、送达、期间、财产保全、仲裁、司法协助上都有其特定的内容。对涉外的民事诉讼，一定要根据我国法律和有关国际准则来进行诉讼代理。

四、律师民事代理权的行使

(一) 律师代理权的取得

依照法律规定，律师民事诉讼代理权只能因委托代理而产生，委托诉讼代理是指律师接受当事人或者法定代理人的委托，代理参加诉讼活动。被代理人以委托的意思表示将代理权授予代理人的行为，称为授权行为。授权是单方的法律行为，仅凭被代理人单方的意思表示，就能发生授权效力。作为委托代理基础的是委托合同关系。

根据《民事诉讼法》第59条规定：委托他人代为诉讼，必须向人民法院提交由委托人签名或者盖章的授权委托书。授权委托书必须记明委托事项和权限。诉讼代理人代为承认、放弃、变更诉讼请求，进行和解，提起反诉或者上诉，必须有委托人的特别授权。授权委托书必须记明委托事项和权限。委托人或其法定代理人只要向人民法院提交了亲自签名或者盖章授权委托书，经人民法院审查同意后，委托代理律师即取得委托权。委托代理律师应按委托书所记明的委托事项和权限代为承认、放弃、变更诉讼请求，进行和解，提起反诉或者上诉，必须有委托人的特别授权。未经委托人同意，委托代理人不能再转委托。实践中，如委托两名律师作为诉讼代理人的，为避免代理律师之间的意见分歧，以确保诉讼的正常进行，委托人必须在授权委托书中分别记明每个代理律师代理的事项和权限。

律师接受委托，作为民事诉讼代理人参加诉讼，形成两方面的法律关系，一是代理律师与被代理人之间的关系，二是代理律师以被代理人名义与人民法院的关系。律师民事诉讼代理权的产生是以委托人的委托授权为前提，而授权应以委托代理合同为基础。根据《律师法》规定，律师承办业务由律师事务所统一接受委托。

（二）律师代理权的行使

代理权限是指代理律师行使代理权的范围。委托律师代为诉讼，必须在签订委托代理合同的基础上，向人民法院提交由委托人签名或盖章的授权委托书。代理律师的代理权限，委托人在授权委托书中应加以明确规定，代理律师的权限受委托人授权的约束。代理律师只能根据授权委托书的规定代为进行诉讼活动，律师只能在授权委托书中所说明的委托事项和权限范围内代为的诉讼，接受对方当事人所为的诉讼行为，视为被代理人的诉讼行为，对被代理人本人发生法律效力。

诉讼代理权限是诉讼理论界和司法实践中一个重要问题。代理律师接受委托后，首先必须明确在什么权限范围内进行诉讼活动。现实中往往出现代理权限不明的情况，在律师事务所与当事人所签订的委托代理合同或授权委托书中，经常出现所谓"全权代理"、"部分代理"或"诉讼代理"、"实体权利处分"等名词。以上对民事诉讼代理权限的划分是不恰当的，理由如下：

1. 以上名词含义不清，授权不明。所谓"全权代理"，顾名思义，应当是代理律师享有全部的诉权，作为委托人的"全权代理"参加诉讼。但是，司法解释以及委托代理合同中，都未对"全权代理"作过明确的解释。是否包含程序、实体意义上的两种诉讼权利？这种权利的内容、范围大小无人能予以确定。另外，所谓的"部分代理"、"缔约代理"等含义更加不清。代理的含义不明，极容易出现代理人与被代理人在认识上的差异，也容易引起他人的误解，甚至发生代理权限纠纷。

2. 权限不明确，易损害当事人的利益，在订立委托合同或授权委托书时，委托人一般以一种信任感委托某一律师代为诉讼，所以可能对代理权限范围不加重视，甚至根本不明确，对"全权代理"、"部分代理"、"诉讼代理"的后果不甚明了，在诉讼中可能导致因诉讼后果缺乏充分的思想准备。另外，诉讼中的情况也是千变万化的，在什么情况下和解，什么情况下撤诉，作为与诉讼结局没有直接利害关系的代理律师，也很难做出符合当事人意志的判断。如果判断不准，就可能与当事人发生矛盾或纠纷。因此，律师对代理权限理解错误，就可能影响甚至损害当事人的合法权益。

3. 对代理权限的以上划分没有法律根据。司法实践虽然普遍地、经常地沿用以上名词，并被较广泛采用，但是法律上没有对此明确规定，司法上也无相应的解释。

对此，《民事诉讼法》规定：诉讼代理人代为承认、放弃、变更诉讼请求、进行和解、提起反诉或上诉，必须有委托人的特别授权。所以，法律要求明确授权，而反对概括性的授权。

（三）律师代理权的分类

如何确定代理律师的代理权限，在现有法律规定的基础上，结合律师民事诉讼代理的实践，可将代理权限作如下分类：一般诉讼代理和特别诉讼代理。

1. 一般诉讼代理是指根据委托人授权，只能代理当事人行使一般或纯粹的民事诉讼权利。包括下列内容：①代为起诉、应诉；②代理申请财产保全或证据保全；③申请回避，向法庭提供证据，询问证人、鉴定人或勘验人，要求重新鉴定、调查或勘验，请求调解，发表代理意见；④申请执行；⑤双方商定的其他可以代理的事项。

2. 特别诉讼代理是指根据委托人的特别授权，在代理当事人行使民事诉讼权利的同时，又可代为处分其民事实体权利，具体包括以下内容：①代为承认部分或全部诉讼请求；②代为放弃、变更或增加诉讼的请求；③进行和解；④代为反诉；⑤代为提出上诉或申请撤回上诉；⑥代为接受人民法院送达裁判文书。

律师事务所在与委托人订立委托代理合同时，除接受一般代理外，还可根据具体情况，接受特别代理中的一项或数项。无论一般诉讼代理或特别诉讼代理，在订立委托代理合同时，都应当有明确规定。

（四）律师代理权应注意的问题

结合实际确定律师代理权限，应注意以下问题：

1. 委托代理权限必须规定得明确、具体、详细。不明确、不具体、不详细就等于无权限。不能笼统地将代理权限写为"全权代理"、"部分代理"或"诉讼代理"、"全部代理"、"缔约代理"等含义不清的词语，以免形成代理律师的无权代理或引起代理关系纠纷。在委托代理合同及授权委托书中，按一般诉讼代理或特别诉讼代理的具体内容填写清楚，并根据不同的案件性质、特点，明确具体代理事项和权限。

2. 权限的规定是会发生变化的。首先，权限确定之初，往往对事实缺乏全面的了解，尤其是对实体权利处分的规定可能缺乏充分理由或不切实际，应当随着客观情况的发展不断地调整；其次，对方当事人的客观情况也不断地发生变化。因此，代理律师要根据诉讼进程的不同特点、情况的变化，就代理权限与委托人商量决定是否加以变更，并把权限调整、变更的具体情况记录在案或填进委托合同书中，形成文字，双方信守，以便发生权限纠纷时，作为判断是非、分清责任的依据。按照民事诉讼法的规定，诉讼代理权限如有变更或解除，应由委托人以书面形式告知人民法院，并由人民法院通知对方当事人。

3. 如果发生必须在代理权限之外进行诉讼活动的情况，代理律师应当掌握两条原则：有充分理由和证据说明此举是为当事人利益；有把握事后得到被委托人追认。

4. 代理权限的规定，不能违反法律规定。如关于离婚案件的代理，在有诉讼代理人的情况下，当事人应当出庭。

五、律师在民事诉讼代理中的地位

律师作为民事诉讼中的委托诉讼代理人，其诉讼地位是由其代理权限和律师本身特性决定的。首先，代理律师不是独立的诉讼主体。委托诉讼代理人的代理权直接来自被代理人的委托，只有在委托权限之内进行的诉讼行为，才对被代理人发生法律效力。根据民事诉讼法的精神，代理权限分为一般代理和特别代理。这些具体内容都必须在委托代理合同中加以明确规定，超越代理权限的行为是无效的。所以，代理律师不是独立的诉讼主体，他的绝大部分权利，尤其是对实体权利的处分权利，都是依赖于委托人的授权，代理律师进行诉讼行为受被代理人的意志约束，代理律师的代理意见不能与被代理人意见相违背，在没有特别授权的情况下，不能就和解、变更、承认、放弃诉讼请求等实体权利的处分发表意见。这一点不同于刑事诉讼中的辩护律师，在刑事诉讼中，律师是独立的诉讼主体，可以不受被告人意志所约束，他只依据事实和法律履行自己的辩护职责。其次，根据我国法律规定，律师职责是为被代理当事人提供法律帮助，维护其合法权益。在民事代理活动中，其地位又不同于一般的委托诉讼代理人。律师除了要尊重当事人的诉讼请求外，还必须尊重事实和法律，协助人民法院正确、及时处理民事案件。代理律师的诉讼地位，可具体从以下两方面加以分析：

1. 代理律师与被代理人的关系。律师担任民事诉讼代理人，应当站在被代理人的立场，律师担任民事诉讼代理人是以被代理人的名义，并非以自己的名义，在被代理人授权的范围内进行诉讼活动的。要为被代理人利益说话，否则委托代理人就失去了委托代理的意义。据此，当代理律师的诉讼行为违背了被代理人意志时，被代理人有权进行纠正，当代理律师的代理行为超越了代理权限时，被代理人如果不加以追认，就失去了法律效力。二是，根据委托代理的性质，代理律师在代理权限内进行诉讼行为，其结果由被代理人承担，代理律师只不过代为被代理人实现其诉讼权利和义务。所以，应当站在被代理人的立场，否则让被代理人承担法律后果就毫无道理和根据。三是，诉讼中的双方当事人，因利益冲突，都要求法院保护其合法利益，各执一词，认为自己的请求都是合情合理的，对同一事实或同一法律规定从不同角度出发，有时可能得出不同的结论。一方代理律师在接受委托之初，不可能完全地、精确地把握有关案件事实，同时，对于有关法律的适用也应有一段研究分析过程。所以，开始代理活动，应当与被代理人相互配合，站在被代理对方当事人的立场上，对案件的有关事实证据进行调查分析，对有关法律进行研究判断，最终通过法庭调查、辩论的诉讼程序，由人民法院做出裁判。但是，在诉讼过程中，代理律师与被代理人的关系也不是完全被动的，代理律师除了具有从属性外，还有相对的独立性。双方应当相互配合、协商，取得一致意见。不能排除代理律师与诉讼代理人在诉讼过程中产生不同的看法和主张，如果出现认识上的差异，代理律师应当认真分析原因，根据事实和法律，与当事人相互协商，取得一致的意见。在代理过程中，律师除了维护被代理人合法权益，还应当坚持律师工作的根本准则，即以事实为根据，以法律为准绳，必须依自己的思维来决定自己的法律行为，不能无原则地充当被代理人的"传话筒"，更不能强词夺理，甚至违背法律。

在诉讼代理实践中，代理律师会遇到以下情况，关系到代理律师与被代理关系问题，如何处理？一是如何对待"无理当事人"？所谓无理当事人，是指提出的诉讼请求没有事实根据，不符合法律规定，但仍固执己见的当事人。这类当事人可能出现在代理关系成立以前，也可能出现在代理关系成立以后。如果在未签订委托代理合同时，发现委托人诉讼请求不合理，经过说服、教育、协商仍然固执己见的，可以不接受他的委托。如果代理关系成立以后，被代理人提出并坚持无理诉讼请求的，拒绝听取律师正确意见，代理律师可以辞去代理，终止代理关系。这是我国律师代理制度中，代理人与被代理人关系相对独立的方面。二是在代理过程中发现被代理人有严重违法行为，甚至是经济犯罪行为的，对此情况如何处理？理论和实践中尚存分歧。一种观点认为，我国《律师法》明确规定了律师的根本任务和基本原则是维护国家、集体、公民利益，保证法律的正确实施，开展业务必须坚持以事实为根据，以法律为准绳，对待当事人的违法犯罪行为理所当然应给以揭发。另一种观点认为，根据律师法规定，代理律师的责任，是在代理权限范围内，维护委托人的合法权益。在代理关系存在期间，检举揭发当事人的违法行为，显然违背代理律师的职责与代理关系的法律性质，所以，终止委托代理关系，然后再向司法机关检举揭发。根据委托代理关系的性质及代理律师的职责，正确做法应是在发现问题以后，首先主动教育当事人及时主动地向司法机关坦白交代、承担法律责任，如果当事人拒绝接受律师的教育，代理律师不能主动检举揭发，而应终止代理关系，退出诉讼。

2. 代理律师与审判人员的关系。代理律师的诉讼地位，是在参加诉讼过程中体现出来，除了与被代理人发生代理关系外，还与人民法院的审判人员产生一定的关系。作为民事诉讼代理人参加诉讼，维护被代理人的利益，其根本目的是使案件得到正确、及时处理，保证法律的正确实施，维护国家、集体和公民的合法权益。从诉讼目的上讲，代理律师与审判人员的目的是相同的，可是，他们两者的立足点不同，代理律师作为一方当事人的代理人，他要站在被代理人立场上，发表符合委托人意愿的代理意见，其观察分析问题的着眼点是委托人的合法权益；而代表国家审判机关行使审判权职能的审判人员，要全面考虑原、被告双方的诉讼请求和代理意见，收集所有能够证明案件真实情况的证据进行分析、判断、评议、裁判。由此可见，代理律师和审判人员的关系是相互配合和相互制约的关系。

六、代理律师的权利和义务

关于律师的诉讼权利和义务，是代理律师参加诉讼活动所必须明确的内容，也是保证诉讼活动顺利进行的必要保障。目前，对于律师的诉讼权利和义务的规定，主要见于《律师法》

和《民事诉讼法》中。不过，规定的较为简单，特别是对于如何保障律师行使权利，法律没有规定。实践中经常出现律师调查证据遭到有关单位或个人阻挠，调查出的证据，审判人员不予以重视和采纳，庭审过程中律师的发言被无理限制、打断，甚至被任意驱逐出法庭等不合理现象。

（一）诉讼权利

根据现有法律规定，代理律师的诉讼权利包括两个组成部分：一是依法直接享有的诉讼权利，二是依委托代理关系取得的诉讼权利。

依法享有的诉讼权利，主要是根据律师的特殊身份，依法规定，只要其参加诉讼就必然享有的诉讼权利。律师参加不同性质的诉讼活动，有着不同的法律规定的权利。在民事诉讼代理活动中，律师主要享有以下几项法定诉讼权利：

1. 调查收集证据的权利。律师有权向有关单位或个人进行调查、取证、咨询、阅卷，有关单位或个人有责任给予支持。

2. 查阅、复制本案有关材料，法律文书，包括庭审记录、案卷等。但根据法律规定，查阅本案有关材料的范围和办法由最高人民法院规定。

3. 执行职务的诉讼权利，包括有关法律规定的当事人出庭参加诉讼的一切诉讼权利，如申请回避、进行辩论、询问证人、请求鉴定等。

4. 解除或辞去委托关系的权利。代理律师对于无理要求或严重侮辱人格的被代理人，有权拒绝代理、解除委托代理关系。

5. 律师法规定的其他诉讼权利。上述有关权利是代理律师参加诉讼，执行代理职务的必经途径，人民法院及有关单位和个人必须协助律师行使这些权利。依委托代理关系取得的诉讼权利，又称"接受诉讼权利"，是指代理律师作为委托诉讼代理人，因为被代理人的委托授权而产生的诉讼权利。这部分权利本应由当事人所享有，但是，由于委托代理关系的产生而由律师代为行使。这部分权利由于被代理人授权权限不同而有区别，它可能是一般诉讼代理，也可能是特别诉讼代理，代理律师只能在被代理人授权范围内行使诉讼权利。代理权限的具体内容都必须在委托代理合同中明确表明。如果为一般代理，代理律师只能按一般代理内容项目行使诉讼权利，如果为特别代理，代理律师除了行使一般的诉讼权利以外，还应按特别授权的内容行使诉权，如代为和解、上诉、申诉、反诉等。

（二）诉讼义务

代理律师的诉讼义务，按照《律师法》和《民事诉讼法》规定，主要包括以下内容：

1. 忠实于法律和事实真相，保护国家、集体、公民合法权益。

2. 认真履行职责，清正廉洁，恪守律师工作纪律和职业道德，不得进行有损于律师名誉的活动。

3. 保守国家秘密、个人秘密和当事人提供的不宜公开的其他情况。

4. 遵守司法机关有关规定，尊重司法工作人员，维护司法机关的尊严。

5. 遵守法庭纪律和秩序。

6. 依法行使代理权等。

代理律师的诉讼义务是保证代理律师正当地行使代理权，更好地为被代理人提供法律帮助的必备条件。

（三）法律责任

如果代理律师不承担应尽诉讼义务，就得承担一定的法律责任。法律责任包括三方面内容：

1. 民事制裁。因代理律师的过错，如无权代理、恶意串通、违法行为给被代理人或第三人造成损害的，应依法予以赔偿。

2. 行政制裁。代理律师违反有规定的，司法行政主管部门可以根据情节轻重分别给予警告、道歉、暂停执行职务、没收非法所得或撤销律师职务、吊销律师执业执照的处罚。

3. 刑事制裁。代理律师在执行职务过程中，如果触犯刑法构成犯罪的，应依法追究刑事责任。

第三节　律师行政代理

行政诉讼和民事诉讼一样，也存在着法定代理、指定代理和委托代理三种代理形式。由于行政诉讼是民告官，所争议的实质又主要是行政机关的具体行政行为合法或违法的问题，加之有关行政方面的法律、法规浩繁，故而由律师代理诉讼则显得尤为重要。律师代理是委托代理的一种，当然，在个别情况下也不排除有指定的可能，但只要是以律师身份代理，就必须规范化并依法尽职尽责地完成自己应该完成的任务。

一、律师行政代理概述

律师在行政诉讼中的代理，是指律师接受当事人的委托，基于诉讼代理权，以被代理人的名义参加诉讼的行为。律师代理行政诉讼除《律师法》的原则性规定外，直接的法律根据是《行政诉讼法》第 29 条规定：当事人、法定代理人，可以委托 1 至 2 人代为诉讼；律师、社会团体、提起诉讼的公民的近亲属或者所在单位推荐的人，以及经人民法院许可的其他公民，可以受委托为诉讼代理人。可见，委托代理人的范围很广泛，律师只是可供选择委托的一种。不过，根据《行政诉讼法》第 30

条的规定：代理诉讼的律师，可以依照规定查阅本案有关材料，可以向有关组织和公民调查，收集证据。而其他诉讼代理人则需经法院许可，才可以查阅本案庭审材料，而涉及国家秘密和个人隐私的还要除外。可见，律师作为代理人法律赋予的权利较多，而这一点也是优于其他代理人的关键所在。律师基于代理权参加诉讼，而这种代理当事人进行诉讼活动权限是法律所赋予的，故此他和民事诉讼中关于实体权利的特别授予是有区别的。这种区别的原因在于行政机关作为诉讼中的当事人，既不能随意处分他的职权，双方当事人也没有调解结案的可能，但涉及行政损害赔偿的案件除外。故而作为代理人的律师只是委托人在诉讼的权利、义务上代为行使。如果是代理原告方，则要尽力地维护公民或法人的合法权益；如果是代理被告方，则要尽量地维护行政机关的合法的具体行政行为，总之是达到维护法律、法规正确实施的目的。

二、律师行政代理的诉前审查

无论是接受公民或法人，还是其他具体行政行为相对人的委托，都应该注意并弄清以下的几个主要具体问题。

（一）资格审查

1. 是否符合原告的条件：这主要是指根据《中华人民共和国行政诉讼法》第 2 条、第 14 条和第 41 条的规定，就以下的几个问题进行审查。

（1）所认为的行政机关的具体行政行为所侵犯的合法权益是否和自己的合法权益有关，如果和自己没有直接的利害关系，则不能作为原告。

（2）有无明确的被告，并且有无向人民法院提起诉讼的行为或意思表示。

（3）有无行政机关及其工作人员的具体行政行为侵权的事实和根据，以及具体的非讼请求和诉讼目的。

（4）是否属于人民法院的受案范围和应由何处人民法院受理管辖。

此外，在具备了上述四个条件的时候，还应该注意到《行政诉讼法》第37条的规定，发生行政争议是先经复议还是直接起诉，虽然可以由当事人选择，但某些法律、法规中明确规定应当先经行政复议的，就不能直接起诉。

2. 是否符合被告必须具备的条件。行政诉讼中的被告是指经原告认为具体行政行为侵犯了自己的合法权益，并且由人民法院通知应诉的行政机关。因而构成行政诉讼中的被告，但必须具备两个条件：

（1）行政机关所作的具体行政行为和行为相对人认为的侵犯合法权益之间有因果关系。

（2）被告地位的确定是因人民法院的受理通知，而不仅只是缘于原告的提起诉讼。由于行政机关管理主体和行政管理活动的复杂性，就要根据《行政诉讼法》第25条规定从五种情况确定具体的被告人。这五种情况是：①直接作出具体行政行为的行政机关；②经过复议的案件，复议机关决定维持原具体行政行为的，原机关仍为被告；改变原具体行政行为的，复议机关是被告；③两个以上行政机关共同作出同一具体行政行为的，共同作出行政行为的机关是共同被告；④法律、法规授权的组织所作的具体行政行为，该组织是被告；由行政机关委托的组织所作的具体行政行为，委托的行政机关是被告；⑤行政机关被撤销的，继续行使其职权的行政机关是被告。

3. 对第三人参与诉讼资格的审查。行政诉讼中的第三人是指对有争议的具体行政行为有利害关系，为了维护自己的合法权益而参加诉讼的公民、法人或其他组织。第三人的基本特征是与被诉的具体行政行为有利害关系。这种利害关系可以包括直接的利害和间接的利害关系两种。他们参加诉讼是为了有利于人民法院查明事实，保证案件的审理质量，也有利于简化诉讼程序和节省诉讼时间。故此，根据《行政诉讼法》第 27 条的规定，第三人可以主动申请参加诉讼，也可以由人民法院通知第三人参加诉讼。因此，第三人参加行政诉讼只能是参加到他人之间已经开始，但尚未审结的行政诉讼案件之中，这一点也应看作是行政诉讼中第三人的又一重要的特点。根据《行政诉讼法》第 29 条和第 30 条的规定，当事人、第三人都可以委托律师担任代理人，因为行政诉讼中的第三人不仅是广义的当事人，而且对诉讼的结果有着切身的利害关系，类似于民事诉讼中的有独立请求权的第三人，在诉讼活动中享有当事人的诉讼权利和承担相应的诉讼义务，所以第三人也可以委托律师代理参加诉讼。这种对参加诉讼资格的审查主要是解决谁有权告诉和谁有资格参加到行政诉讼中的问题，而这一点则应看作是具体的行政案件能否形成的前提。

（二）期限审查

对于能否提起行政诉讼期限的审查，这里所谓的期限应该包括行政复议期限和不服其行政行为的起诉时限。由于各个单行行政法律、法规规定的不同，所以律师在接受代理前对是否须经复议这个前置阶段和有关复议的期限也必须查清。例如《海关法》规定：当事人对海关处罚不服的，可以向上一级海关申请复议，也可以直接向人民法院起诉。《治安管理处罚法》规定不服裁定的，必须先向上一级公安机关提出申诉，不服上一级公安机关裁决的，才能向人民法院起诉。还有如《森林法》规定：当事人不服处理决定的，可以在接到通知书 3 日起 1 个月内向人民法院起诉。这就意味着超出 1 个月之后，则将丧失了起诉时效。又如《文物保护法》甚至都没有关于申诉和起诉的规定，对这种任意性的规定，则需要律师帮助当事人斟酌和选择处置的方法。对于直接提起行政诉讼的，也存在各个单行法规定的期限不同，因此，在适用《行政诉讼法》第 39 条：应当在知道做出具体行政行为之日起 3 个月内提出的一般规定办理的同时，还要注意"法律另有规定的除外"一词。例如《食品卫生法》、《药品管理法》等规定的期限是 15 天。《渔业法》、《土地管理法》等规定的期限是 30 天。《森林法》、《草原法》规定的期限是 1 个月，等等。律师都应准确地掌握，目的是为了要在有效期内及时地提起行政诉讼。

（三）规章审查

根据《行政诉讼法》第 53 条的规定：人民法院审理行政案件，要参照国务院各部、委、办、局、署、行发布的规章，省会、自治区首府和经国务院批准的较大城市人民政府制定发布的规章。因此律师需要查找和查阅这些有关的规定，而在发现这些规章不一致的时候，则需按《行政诉讼法》53 条第 2 款的规定研究处理：①规章与法律相抵触的，适用法律；②规章与法规相抵触的，适用法规；③地方性人民政府制定的规章与地方性法规相抵触的，适用地方性法规；④省会、自治区首府和较大城市制定的规章与省、自治区人民政府制定的规章相抵触的，适用省、自治区人民政府所制定的规章；⑤地方性法规、地方人民政府制定的规章与国务院有关部门所制定的规章相抵触的以及国务院各部门之间制定的规章相抵触的，由最高人民法院送请国务院解释或裁决。但如果该地方性法规是由地方人大制定的，国务院不应管理，应由全国人大解决，但对此法条中没有规定，尚待在实践中解决。

三、律师签订行政诉讼委托代理合同

律师在对上述的诉讼资格、时效、法律关系以及法律、法规和参照规章初步理清之后，才能视情况而决定是否受理。这里要注意的是既不能盲目地"有求必应"，也不应知难而退，借故推托。如果确定了接受代理，则应做好签订委托代理合同的工作。在签订委托代理合同时，律师首先要向委托人阐明律师"以事实为根据，以法律为准绳"的立场和代打官司不包胜诉的原则，实际上这也是对委托人介绍情况真实与否的一个考验。合同签订、当时收费，以免败诉后纠缠。在合同中要确认代理关系，明确代理权限，阐明权利义务，代理的事项要有范围，代理的期限要有阶段，一般从起诉、应诉开始，至本审级审理终结、发下判决或裁定为止。至于上诉、申诉等诉讼阶段则应另行委托、另行签订合同，总之所谓的全权代理和无期限的代理是不可取的。如果是接受原告的代理，还应明确其提供证据或证据线索的义务；如果是接受被告的委托，则应由其将据以做出具体行政行为的事实，证据和法律依据以及行政裁决的决定和复议的结果等文件提供给代理律师，以便进行答辩或准备自己的代理意见。

四、律师在行政诉讼中的代理

（一）开庭前的准备工作

承办律师接受当事人的委托后，就进入开庭前的准备阶段。这一阶段的工作概括地说就是了解案情、收集证据、理清法律关系、把握起诉或应诉的要点、根据行政诉讼的特点和行政诉讼法的要求，提前写好起诉状或答辩状以及经过细致的研究，拟定出庭代理的方略。

1. 作为原告的代理律师，要根据委托人提供的基本事实和行政机关具体行政行为（包括作为和不作为）相对照，从中发现矛盾，并进而深入到细节和应获取的证据以及有关的证据线索并应尽力地搜集和取得有利的证据。这里应该注意的是，律师代理原告取证是有一定难度的，例如被调查的对象，很可能有时迫于某种压力或不愿多事而不予支持，如果被调查的是行政机关则更有可能会遭到冷落和不予协助，所以代理律师必须具有足够的耐心和勇气做好说服工作，想方设法地取得相关的证据，为自己的代理立论打下坚实的事实基础。

2. 作为被告的代理律师，要根据《行政诉讼法》第33条：在诉讼过程中，被告不得自行向原告和证人收集证据的规定。除接受委托人出具的做出该具体行政行为时所认定的相对人违法事实（包括作为和不作为）和能够证明其确属违法的证据外，还应要求其提供做出该具体行政行为的具体法律依据和具体行政行为决定的副本。承办律师对行政机关所提供的全部材料审查后，如果确属事实不清，证据不足或适用法律、法规不当，则应及时地告知行政机关，并帮助其有关工作人员认识错误。如果行政机关同意撤销或变更其所作的决定，律师也可通知原告并作原告的思想工作，原告同意撤诉的，则终止诉讼，原告不同意撤诉的，则只能由人民法院审理和判决。

3. 细致阅卷和周密取证。承办律师要充分利用《行政诉讼法》第30条所赋予的"查阅本案有关材料"的权利，细致地查阅卷宗，特别是作为被告的代理律师或上诉审阶段中的上诉人代理律师和被上诉人代理律师对此更不能忽略。查阅的重点仍是事实、证据和所适用的法律。但阅卷的目的是为了找出疑点、矛盾和发现某些方面的错误或疏漏，不足之处，即使是对我方极为不利的材料，也应该记下并标明页号，以便设法谋求对策。

总之是要全面掌握案情，做到知己知彼，然后才能进行科学的整体综合分析。对尚不十分清楚或存有疑点或矛盾的材料要理清、理顺，以便于"利己破他"；对有利于我方的材料，要加以充实并充分利用，对不利于我方的材料，如果委托人提不出具体反驳，则要做好委托人的思想工作，或承认，或默认，而不能强词夺理，更不能支持委托人无理、无据或过高、过苛的要求，也不应该附和委托人的无理要求。根据行政诉讼举证责任倒置原则的特点，尽管已经发现行政机关做出具体行政行为时的根据不足或其所适用的规范性文件有误，有被宣判为无效的可能，但代理律师如能更进一步提出有利于相对人的材料和意见，则将更能促使该具体行政行为被撤销，所以代理原告举证虽不是义务，但这确是为保证原告胜诉的一项权利，故此，律师也应该周密的取证，而不应怠慢和忽视。这里比较困难的问题是，被告既负有举证的责任，但在诉讼过程中又不得自行向原告和证人收集证据，那么作为被告的代理律师是否就无所作为？代理律师除严格遵守《行政诉讼法》第 32 条、第 33 条的上述原则规定外，还可根据《行政诉讼法》第 34 条："人民法院有权要求当事人提供或者补充证据，人民法院有权向有关行政机关以及其他组织、公民调取证据"的规定，主动向人民法院提供证据线索，敦请人民法院提取。故此，律师积极的发现证据和证据线索，也不失为一项补救措施，而且对人民法院审理行政案件，保证其客观真实，实质真实和"维护和监督行政机关依法行使职权"也是具有现实意义的。所以，无论是作为原告人的代理律师，还是作为被告人的代理律师，都要广泛地搜集证据，充分地行使举证的权利，尽举证的义务和及时地申请保全证据都是非常重要和必要的。

4. 完善起诉状、答辩状和精心地准备代理意见。

（1）起诉状和答辩状不仅是提供给人民法院审理案件的范围和争议的焦点，而且也是原告人诉讼要求、诉讼根据和诉讼理由的概括；被告人对诉状的反驳、辩解以及自己所做出该具体行政行为的根据、理由和主张。这两种基本诉讼文书除首部、尾部和有关民事诉状基本相同外，要在事实、理由、特别是所引用的法律、规章和随附的证据上要求准确、全面和经得起反驳和推敲。

（2）代理意见是自起诉状或答辩状提交法院之后，承办律师对起诉或答辩要点进一步充分论证、深化自己的观点、维护自己的论点、充实自己的论据和有针对性地反驳对方立论的当庭发言和辩论材料。这种代理意见一般可分为代理词和补充代理意见两种形式。代理词要求全面并充分地阐述自己的论据、理由，有理、有力地摆事实、举证据、引法条、讲道理，尽量地考虑到不给对方留有辩白的余地，力争做到事实可靠、论点鲜明，论据充分，逻辑严紧，致使对方抓不住漏洞或寻找不出可乘之机。我们这里所说的代理意见实际上是指维护自己代理词观点和反驳对方代理词观点的法庭辩论中可能出现的第二轮、三轮辩论的发言稿。故此其不仅是自己代理词的必要补充，同时也是针对对方代理词的反驳。这种代理意见不仅要求要有针对性，而且要言简意赅，当然这就需要代理律师对案情熟悉，对可能发生的争执有所预测和准备，而最根本的一点是要日常不断地提高自己的业务素质，研究辩论方法、增强自己的应变能力，因为有时也有可能法庭上出现自己未曾设想到的变化，所以事先准备固然是重要的，但临场发挥确是检验一个律师水平的标准，我们应该经得起"实践"的检验。

（二）法庭审理阶段工作

行政诉讼的法庭审理，除不考虑调解结案的可能以外，其他如宣布法庭组成人员、是否申请回避、审查诉讼当事人和诉讼参与人资格等都和民事诉讼无大差异，故此，这里只根据行政诉讼的特点，简略地叙述一下法庭调查、法庭辩论和宣判这三个阶段的律师工作。

1. 法庭调查阶段。行政诉讼的法庭调查是查明事实，审查证据，也是解决"以事实为根据"这一诉讼基础的阶段，故此，代理律师除准确地回答审判庭的提问外，要积极、主动地申请审判长允许向双方当事人、证人、鉴定人等适时地发问，这主要是为了解决：行政机关作出具体行政行为的事实有无，事实的性质是否应该受到行政处罚，是否应该受到如此的处罚；行政机关作出具体行政行为时所持的证据是否确实充分，这种证据的取得是否符合法定程序；行政机关作出具体行政行为所适用的法律、法规是否有违反法定程序的地方；作出具体行政行为的主体有无违反法定职责，超越职权或滥用职权的情形；适时的举证，及时的提请传唤新证人，提请勘验，申请重新鉴定或向法庭提供新的证据线索。总之是要用充分的证据，证明和辨别与本案有关的具体法律事实。

2. 法庭辩论阶段。法庭辩论阶段代理律师的工作，主要是根据法庭调查查明的事实和经过法庭审查和质证所认可的证据，就行政机关该不该作出具体行政行为和其所作具体行政行为所适用的法律、法规正确与否做出综合性评述，也就是为要解决以法律为准绳的问题。一般说来，无论是代理原告还是代理被告，都要从正面发表自己的见解和意见，但有时如果在法庭调查阶段出现了新情况，就不能对自己事先所准备的代理词照本宣科，特别是对对方的意见进行反驳时，则更应灵活机动，不能脱离争议的中心。总之是持之有据、言之有物，绝不作空洞、冗长的发言，更不能以法压人，作为行政机关的代理律师尤应注意，不能感情用事，而是要充分地说理讲法，避免恶语伤人或在法庭上争吵。一份好的辩论意见应该是一篇好的法制宣讲材料，有时因为一个行政案件辩论的成功，能够影响一大片和解决一些与此同类的问题，起到促使严格执法和自觉守法、普法宣传和提高有关人员的法律意识的作用，这也是我国律师法要求律师通过办理律师业务，同时要进行法制宣传的具体体现。

3. 法院判决和判决后的律师工作。判决权主要是由人民法院行使，但由于这里涉及对事实的认定，对证据的采信，特别是对所依据的法律、行政法规、地方性法规和所参照规章等较为复杂的问题，承办律师应予高度重视。根据《行政诉讼法》第 54 条的规定：根据案件的不同情况，法院可以分别作出如下的判决：一是对证据确凿、适用法律法规正确，程序合法的判决维持；二是，对具有①证据不足，②适用法律法规错误，③违反法定程序，④超越职权，⑤滥用职权的，判决撤销或部分撤销，并可判决被告重新作出具体行政行为；三是，对被告不履行或者拖延履行法定职责的（这里指行政机关的不作为）判决其在一定期限内履行；四是，对行政处罚显失公正的，可以判决变更。对显失公正应如何理解是一个比较复杂的问题，一般地说，应该是指行政主体违背一般人的理智、违背起码的逻辑和常识、违反社会公认的公平观念和公平规则。

五、律师代理行政侵权赔偿案件

（一）行政侵权赔偿责任概述

行政侵权赔偿责任是指国家行政机关或者其具体工作人员，所作出的具体行政行为侵犯了公民、法人或其他组织的合法权益，并造成了实际损害，而由国家行政机关承担赔偿责任的一种制度。其法律根据是《宪法》第 40 条第 3 款："由于国家机关和国家工作人员侵犯公民权利而受到损失的人，有依照法律规定取得赔偿的权利"和《行政诉讼法》第 67 条："公民、法人或其他组织的合法权益受到行政机关或者行政机关工作人员作出的具体行政行为侵犯造成损害的，有权请求赔偿"的具体规定。这种赔偿制度，实际上是对受侵害、损失的公民、法人或其他组织的一种补偿，也是对由于行政机关或其工作人员错误的具体行政行为而给相对人带来实质性损失的一种补救措施，而这一点正是建立行政诉讼制度、制定行政诉讼法的目的之一和贯彻、落实公民、法人或其他组织合法权益得到保障并对其所遭受到的实际损失得到恢复和赔偿的具体举措。这不仅有利于保护行政行为相对人的合法权益，而且有利于促进行政机关及其工作人员的法律意识的增强和严格依法行政的责任感；有利于我们社会主义国家民主与法制建设。

行政机关的抽象行政行为，行政机关工作人员职务之外的个人侵权行为和行政机关作为民事主体所从事的民事行为不能作为行政赔偿的范围，也不适用有关行政赔偿制度的规定。行政侵权赔偿与民事赔偿的区别：

1. 行政侵权的主体只能是国家行政机关和行政机关的工作人员；而民事侵权主体，则可以由任何机关、团体、企事业单位和公民个人所构成的。

2. 行政侵权的起因，只能是由行政机关的具体行政行为所引起，是以行政法律关系为前提，管理与被管理者之间的行政争议，而不像民事侵权行为是一种平等主体间的民事法律关系纠纷。

3. 行政侵权责任的形式主要是赔偿损失，其所依据的法律、法规是有关的行政法律规范的具体规定。例如《海关法》第 54 条规定：海关在查验进出境货物、物品时，损坏被查验的货物、物品的，应当赔偿实际损失。只有少数的单行法规中规定有恢复原状、返还原物和赔礼道歉的形式，而不像《民法通则》规定的承担民事侵权责任的停止损害、排除妨碍、返还财产、恢复原状、修理、重作、更换、赔偿损失、支付违约金、消除影响、恢复名誉、赔礼道歉等多种形式。

4. 行政侵权行为的解决只能通过行政申诉、行政诉讼的途径解决，而民事赔偿则可通过调解、仲裁或民事诉讼等多种方式解决。

5. 民事侵权的赔偿费用是由侵权人自己承担，而行政侵权行为的赔偿费用是从各级财政列支。《行政诉讼法》第 69 条已经明确规定，实质上是国家赔偿的性质。赔偿费用从国库支出后，可根据《行政诉讼法》第 68 条、69 条的规定：由行政机关责令有故意或者重大过失的行政机关工作人员承担部分或者全部的赔偿费用，也可由各级人民政府责令有责任的行政机关支付部分或全部赔偿费用。司法实践中由于这个问题比较具体，故而行政法规定"具体办法由国务院规定"。律师要了解这些具体情况，又要随时注意立法中的新规定，才能适应实际的工作，以保障不同委托人不同的合法权益。

（二）行政侵权赔偿案件的构成

依照我国《行政诉讼法》第 68 条第 1 款规定：行政机关或者行政机关工作人员作出的具体行政行为侵犯公民、法人或者其他组织的合法权益造成损害的，由该行政机关或者该行政机关工作人员所在的行政机关负责赔偿，可见构成行政侵权赔偿责任，应该同时具备以下的四个条件：

1. 必须有违法的具体行政行为。从行为来看，必须具有行政机关作出的直接违反法律、法规的具体行政行为。这种具体的行政行为可以表现为作为和不作为的两种形式。违法行为是指行政机关及其工作人员违反法律、法规的规定，行使权力所作出的具体行政行为，是一种积极的作为；违法的不作为是指行政机关及其工作人员对公民提出的合法请求或申请，不按法律、法规的规定履行其应尽的职责，不作出或故意拖延应作出的具体行政行为，致使公民的合法权益得不到保护和实现甚至因而遭受到损失的后果。确定具体行政行为的是否合法，不仅是区别行政赔偿和行政补偿的重要标志，而且也是决定是否构成行政侵权的前提，因为只有违法行政行为所造成的损害，才能提起行政诉讼并进入行政赔偿程序。

2. 必须有损害的事实。从后果来看，必须有造成损害的事实。行政赔偿仅限于由于行政机关的错误的行政行为给公民、法人或者其他组织的人身、财产权，或者法律、法规明确保护的其他合法权益遭受到实际的损害和损失。如果只是发生了损害的可能而没有损害的事实和实际结果，则不能视为是有实质性后果的事实，因之也就构不成行政侵权的赔偿责任。

3. 必然有直接的因果关系。违法的行政行为和损害事实之间的因果关系方面，是两者之间存在着必然的直接的因果联系，倘若赔偿请求提出后，行政机关未作处理，则不能通过行政赔偿程序由法院直接处理，但不排除由行政机关自行处理。这种行政机关在诉讼之前的处理，通常称之为诉前处理。这种诉前处理的优点是可以使赔偿问题得到及时解决，使受害人的损失得到及时补偿，况且受害人和行政机关还可以就赔偿的数额和方式进行协商，如能达成和解，则应制作协议书。解决争议达不成协议的，行政机关也应在法定期限内及时作出赔偿决定，当事人如对此决定不服，再向人民法院提起侵权赔偿诉讼也不为迟，往往是希望能用协商的方式诉前解决为好，不一定非得都进入行政赔偿的诉讼程序，律师也应该尽量的息讼解纷，做好思想工作。

（三）侵权赔偿案件的诉讼程序

侵权赔偿的程序可以单独提起，是指对行政机关的赔偿不服而提起的诉讼。性质上仍然是行政诉讼，所不同的是根据《行政诉讼法》第 67 条第 3 款的规定："赔偿诉讼可以适用调解"的方式结案。故此，赔偿诉讼也可以说是行政诉讼的特殊情况和行政诉讼法中解决行政争议不适用调解的原则的例外。附带提起的侵权赔偿诉讼案件，应当在原告人提出行政诉讼的同时，或者在人民法院作出判决之前提出，因为这是以行政诉讼成立为前提的，是以解决行政行为的合法性为重点的合并解决的赔偿问题。鉴于赔偿诉讼上述的性质，所以，赔偿诉讼和普通行政诉讼的程序并无太大差异。人民法院审理单独提起的行政赔偿诉讼无须再对具体行政行为的合法性进行审查，只要在查清被撤销或被变更的具体行政行为给相对人造成损害的事实就可以直接的进行调解或做出判决。而审理以附带形式提起的赔偿诉讼，则必须对两个诉讼具体行政行为的合法性和应否赔偿以及赔偿多少的诉讼请求同时进行审理，如对后者调解不成，则只能同时依法判决。应该特别提出的是，如果对行政赔偿诉讼调解成功，双方当事人达成协议后，人民法院就可以对赔偿部分制作行政赔偿协议书。这个协议书也是一种有法律效力的重要的诉讼文书，协议书除由双方当事人自愿接受外，应当由审判人员和书记员签名并加盖法院印章，协议书一经送达，当事人签收，即发生法律效力，不得反悔或再提起上诉。这样，如果是单独的行政赔偿诉讼就可以结案。如果是附带刑事的行政赔偿诉讼，则只对引起行政诉讼的具体行政行为的合法性进行判决。假若法院的调解无效，则只能由法院依法判决。判决的内容可以变更行政机关的赔偿决定，也可以直接判决行政机关给付一定金额的赔偿。而当事人对一审判决不服，则可以提出上诉。

（四）行政赔偿诉讼案件审理的特点

审理行政赔偿诉讼最大的特点是可以根据行政诉讼法的特殊规定，运用调解的方式解决纠纷。这里所说的调解是指在人民法院审判人员主持下就双方当事人的行政赔偿争议进行协商，以促进达成协议的方式结案。调解的方式可以在庭下进行，也可以当庭调解，调解原则最重要的是合法、自愿和公正。首先，《行政诉讼法》第 67 条第 1 款规定："公民、法人或其他组织的合法权益受到行政机关或者行政机关工作人员作出的具体行政行为侵犯造成损害的，有权请求赔偿。"这是首先用立法的形式确定请求赔偿权存在的实质问题。其次，该条第 2 款规定："公民、法人或其他组织单独就损害赔偿提出请求，应当先由行政机关解决，对行政机关处理不服，可以向人民法院提起诉讼。"这是受损害人向行政机关请求行政赔偿的程序问题。综合上述两款规定，公民、法人或其他组织请求行政赔偿，可以采取两种方式即一种是单独方式，另一种是附带方式。所谓单独的方式是指行政机关已经撤销或变更了其所作的具体行政行为，或者是人民法院的行政诉讼判决确认了该具体行政行为违法并撤销了该具体行政行为后，受害人以此为据而提出的赔偿请求；所谓附带的方式是指具体行政行为相对人在提起行政诉讼的同时，附带提出行政赔偿的请求，由人民法院对这两种请求并案处理。这里应该注意的是，对公民、法人或其他组织在具体行政行为未经过行政复议或没有向人民法院提起行政诉讼时，不能直接向行政机关或人民法院单独提出行政赔偿请求。因为行政赔偿尽管可以单独提起，但实际上要想解决这个问题也不能确定行政机关的赔偿责任或应赔偿多少，必须以确定该行政行为是否违法并是否依法撤销为前提。如果该具体行政行为并不违法，那么如前所述，具体的行政赔偿请求自然也是不能成立。所以代理律师要告知当事人首先申请行政复议或直接进入行政赔偿程序，只有当行政机关或人民法院解决了具体行政行为的合法性问题后才能解决该赔与否或赔多赔少的实质性问题。

（五）行政赔偿诉讼案件的执行问题

执行是指人民法院依法运用国家的强制力，实现对生效的调解、裁定和判决等法律文书所确定的内容实现的司法活动。执行的意义：一是维护法律的尊严，有效地保护诉讼当事人的合法权益；二是可以对当事人，特别是在行政诉讼中对国家行政机关及其工作人员依法行政的一个支持和促进，也是对广大人民群众守法和运用法律武器保护自己合法权益的一种法制教育活动。行政赔偿诉讼中的执行对象，只能是行政机关，至于行政机关对其具有"故意或重大过失"的工作人员，依据《行政诉讼法》第68条的规定行使追偿权，或各级人民政府依据《行政诉讼法》69条的规定，责令有责任的行政机关支付部分或全部赔偿费用，则是各级行政机关内部的责任问题。而被判决（包括调解解决的）承担行政赔偿责任的主体则只能是有关的行政机关，故此，根据《行政诉讼法》69条的规定要从"各级财政部门列支"以确保行政诉讼法的贯彻实施和人民法院判决得以实现。另外根据《行政诉讼法》第65条第3款的规定：行政机关拒绝履行判决、裁定的，一审人民法院可以采取以下措施：①对应当归还的罚款或者应当给付的赔偿金，通知银行从该行政机关的账户内划拨；②对规定期限内不履行的，从期满之日起，对该行政机关按日处50至100元的罚款；③向该行政机关的上一级行政机关或者监察人事机关提出司法建议。接受司法建议的机关根据有关规定进行处理，并将处理情况告知人民法院；④拒不执行判决、裁定的情节严重构成犯罪的，依法追究主管人员和直接责任人员的刑事责任。这些具体严肃的规定，具有很重要的现实意义和很强的针对性。律师不仅要熟悉和了解这些规定和精神，而且要运用这些有利的武器，及时地申请执行以确保委托人的合法权益和保证国家法律得以正确及时地实施。

第四节　律师非诉业务

一、律师非诉业务概述

（一）非诉讼代理制度的概念

非诉讼代理制度，又称非诉讼法律事务代理制度，指律师接受当事人的委托，代理当事人办理非诉讼法律事务的律师业务制度。通称律师非诉业务，它是律师业务代理制度的重要组成部分。我国的非诉讼代理制度，经过十余年的律师业务实践，获得了积极、稳步的发展。非诉讼代理制度，是相对于诉讼代理制度而言的一项律师业务制度，它通过律师代理当事人具有法律意义的非诉讼业务活动的形式，更有效地维护当事人的合法权益。非诉讼代理制度是从非诉讼事件代理演变发展而来。我国1956年开始实行律师代理制度时，当时的代理业务只是以民事诉讼的原告、被告及其他利害关系人的代理业务为限，并没有实行律师的非诉讼代理。1957年后我国刚开始实行的律师制度中途夭折，律师的代理业务也就随之而中断。重新恢复非诉讼代理则是以1980年我国的现行立法为依据。非诉讼事件代理的基本内容是律师接受非诉讼当事人的委托，提供法律帮助、担任代理人参加调解和仲裁。律师提供法律帮助，既可以是诉讼事件，也可以是非诉讼事件。而非诉讼事件只能是有争议但不以诉讼方式解决的事件。因此，《律师法》称之为非诉讼事件，有其确定的内涵和外延，只以有争议但不以诉讼方式解决的事件为限。非诉讼法律事务代理，是律师接受当事人的委托，代理当事人办理各种诉讼以外的法律事务的总称，包括非诉讼事件代理和无争议的法律事件代理两个方面。非诉讼法律事务是律师代理业务理论和实务中所使用的具有务实特点的新概念。非诉讼法律事务这一概念更能确切地表达律师代理承办的不通过诉讼方式解决的一切法律事务，合乎我国律师诉讼代理制度的发展趋势。非诉讼法律事务是一切不通过诉讼方式解决处理的具有法律意义的事务，包括有争议的非诉讼事件和无争议的非诉讼法律事件两类。律师的非诉讼代理，是以《律师法》规定的范围为基础，通过近十余年的律师业务实践，正在逐步走向规范和完善，并已经远远突破了我国现行立法规定的非诉讼代理的范围，理论研究也取得了相应的成果。1988 年 4 月，司法部、全国律师协会在深圳召开"律师办理非诉讼法律事务经验交流会"，对律师办理非诉讼法律事务进行了全面的总结，标志着我国律师非诉讼代理制度的发展，说明它在整个律师代理业务中已经占有相当重要的地位。

（二）律师在非诉讼代理中的地位

律师在非诉讼代理中的地位，首先是非诉讼当事人的代理人。

1. 以代理人的身份，代表非诉讼当事人办理具有法律意义的事务，使被代理人承担由此产生的法律后果。律师代理非诉讼法律事务，应接受非诉讼当事人的委托授权。这种委托授权，可以授予一名律师，也可以同时授予数名律师。律师接受非诉讼当事人的委托或授权，即取得代理当事人办理非诉讼法律事的权利，即代理权。但这种代理权仅以办理授权范围内非诉讼法律事务为限。至于关系到当事人的实体权利的放弃、让步及实体义务的承担，以及当事人重要权利的变更、行使，代理律师应取得当事人的特别授权，否则律师无权进行代理。总之，律师代理的非诉讼法律事务，其主体仍然是向律师授予代理权的非诉讼当事人，律师只能以非诉讼当事人的名义而不能以自己的名义办理非诉讼法律事务。

2. 依照代理的一般性，代理律师在代理权限范围内继受非诉讼当事人主体上的权利以及提起非诉讼程序之权利，如遇到有承认对方当事人的权利放弃自己的权利、请求行政复议、参加诉讼外和解，提起仲裁等情况，必须要有当事人的特别授权。除此之外，代理律师取得当事人为办理非诉讼法律事务而享有的一切必要权利。

3. 律师代理人地位只能以同非诉讼当事人之间存在有效的代理关系为前提。代理关系终止或中止，其代理人的地位也告终止或中止。例如：①代理律师死亡或者丧失行为能力；②委托人死亡或者终止；③代理基础丧失；④取消代理或辞去代理；⑤代理任务完成或者代理期届满；⑥其他原因解除代理等都属于代理地位的终止或中止。

（三）律师在非诉讼代理中的权利

律师代理非诉讼法律事务的地位还反映在其应享有的执行职务时的法定权利：

1. 受法律保障权利。律师依法办理非讼法律事务，受国家法律的保护，任何单位和个人不得干涉此项权利，我国现行立法规定的较为原则，而且对律师执业的法律保障缺乏相应的具体措施，这种局面正在改善。代理律师依法办理非诉讼法律事务，他人妨碍律师依法履行职务，代理律师可向有关机关进行检举、控告。对此，受理检举、控告的机关应当予以明确的答复，并采取积极的补救措施，对妨碍律师执行职务违反法律的，应严肃处理。

2. 了解事实真相的权利。虽然律师是非诉讼当事人的代理人，其行为应从属于委托人的授权，但是，律师有权要求非诉讼当事人讲明事实真相，对事件作出真实的陈述。非诉讼当事人提供的事实是律师接受代理的基础。当事人拒绝向受托律师作真实的陈述或者恶意作虚伪的陈述，律师有权拒绝代理。

3. 调查取证的权利。律师在办理非诉讼法律事务时，认为有必要进行调查取证时，可以律师的身份到有关单位，例如工商行政管理部门、海关、税务部门、环境保护部门、计量监督部门、食品卫生管理部门、交通管理部门、土地管理部门、房地产管理机构、金融机构、医疗单位等，查阅材料及有关文件，索取有关证明，复制必要的证据材料，并可以请求法定鉴定部门进行鉴定，有权向证人取证。代理律师办理非诉讼法律事务进行调查取证，涉及的有关单位和个人有义务予以协助。如何保障律师办理非诉讼法律事务的调查取证权，亟须在立法上予以完善。

二、律师非诉业务的特征

（一）律师非诉讼代理的诉讼外特征

非诉讼代理是律师正常业务活动之一。具有非诉讼代理的诉讼外特征律师非诉讼代理，不通过人民法院的审判程序，说明非诉讼代理不具有诉讼的性质，这是非诉讼代理的首要特征。律师接受当事人的委托办理非诉讼法律事务，不论委托的事项是否存在争议，律师所为代理活动均不得归入诉讼的范畴。律师接受当事人的委托请求，人民法院依审判程序解决的事项，即使当事人所提出的请求不存在争议而只是确认某种事实，仍不能构成律师的非诉讼代理，非诉讼代理无须通过诉讼程序这一特点，将人民法院审理的"非诉案件"等同于非诉讼事件，而将其归入非诉讼代理的范畴，这种认识显然是不正确的。因为，律师代理当事人向人民法院请求公示催告程序以及参加破产程序，律师作为代理人参加上述程序也只是诉讼参加人，这类案件审理的是民事权益争执，以人民法院的审理为标志，故律师只能以诉讼代理人的身份办理公示催告、督促、破产等法律事务，仍然为诉讼代理而不是非诉讼法律事务代理。总之，非诉讼代理以律师代理之法律事务发生在诉讼程序之外为其基本特征。理解律师非诉讼代理的诉讼外特征时，应着重注意四点：

1. 非诉讼代理不受诉讼程序的限制和诉讼程序法所规定期间的约束。因为，非诉讼代理发生在诉讼程序之外，形式灵活多样，没有依从严格的诉讼程序办理非诉讼法律事务之必要。律师以何种形式以及利用多长时间办理非诉讼法律事务，一般由委托人决定。在这里，只是格外强调非诉讼代理不受诉讼程序和诉讼期间的限制，但是并不否认律师非诉讼代理仍然会受法定的诉讼程序及其期间的限制。例如，律师代理仲裁，必须受仲裁程序及仲裁期间规则的限制；律师代理行政复议同样也受行政复议程序和复议申请及作出复议决定的期间的限制等。

2. 律师代理非诉讼法律事务达到委托人预期的目的，是否具有强制执行力，取决于法律的特别规定。律师的诉讼代理，经人民法院判决、调解或裁定，一经发生法律效力，即取得强制执行力。非诉讼代理发生于诉讼程序之外，其结果是否受人民法院的强制力保护，只能取决于法律的特别规定。例如，①律师代理无争议的非诉讼法律事务，除代理当事人办理债权公证文书以外，代理之结果均不具有强制执行力。②律师代理当事人以非诉调解或协商方式解决有争议的事件，代理当事人达成和解协议，不具有强制执行力。③律师代理参加民间调解而达成的调解协议，不具有强制执行力。④律师代理参加行政调解而达成的调解协议，一般不具有强制执行力，但是依照法律规定可以申请人民法院强制执行的，具有强制执行力。⑤律师代理参加复议、复议机关做出撤销或者变更原具体行政行为的决定，该决定具有强制执行力；⑥律师代理参加仲裁或者在仲裁程序中代理调解，仲裁机构依法制作的仲裁决定书或调解书，依照法律规定可由申请人民法院强制执行的，具有强制执行力。

3. 律师接受非诉讼当事人的委托办理非诉讼法律事务，除非法律另有规定律师均可根据当事人的委托转而进行诉讼代理。律师代理无争议的非诉讼法律事务，例如，代办专利申请、商标注册、代理发表声明等，由此引起争议或者开始出现争议或者被确认为争议事件，需要通过诉讼予以解决的，律师均可接受当事人的委托，继续代理诉讼。律师代理有争议的非诉讼法律事务，尤其是代理参加行政复议、调解和仲裁，其代理难以达到当事人预期的结果，需要通过诉讼解决争议时，除非法律规定当事人不得再向人民法院起诉，律师均可以接受当事人的委托转而进行诉讼代理。这就是说，律师代理非诉讼法律事务，不论该项法律事务是否已办理完结，只要存在进行诉讼的必要，而法律又允许当事人进行诉讼，律师均可接受当事人的委托转而依法进行诉讼代理。

4. 律师在诉讼进行中，对于同一争议事件可以根据当事人委托进行非诉讼代理。《民事诉讼法》第51条规定："双方当事人可以自行和解"。律师接受当事人的委托进行诉讼代理，当事人可以处分自己的民事权利和诉讼权利而委托代理诉讼之律师在诉讼外代理和解，即律师可以在民事诉讼进行中代理当事人自行和解。代理律师在诉讼进行中代理当事人依法自行和解，仍为非诉法代理。

（二）律师非诉讼代理的法律特征

律师代理的非诉讼法律事务，只是以法定的具有法律意义的事务为限。代理行为只能是法律行为，即具有法律意义的行为。但是律师在诉讼外并不代理当事人委托的一切事项。凡是不具有法律意义的事务以及具有法律意义的事务但不属于非诉讼代理之范畴的，律师均不得进行非诉讼代理。律师代理的非诉讼法律事务的法律特征有以下两个方面：

1. 律师代理的非诉讼法律事务，必须是真实、合法及具有法律意义的事务。律师代理当事人办理有关法律事务，足以引起民事、行政法律关系的发生、变更或消灭。不具有法律意义的事务、虚假的但具有法律意义的事务、违法事务，不能成为律师非诉讼代理之标的。律师接受当事人的委托而为代理，就是要向当事人提供专业化的法律帮助，使其行为真实与合法，避免发生纠纷。因此，不具有法律意义的事务或违法事务与律师所从事的业务性质不相符。在律师实务界，有人认为代办财产租赁、信托、股票发行、建筑工程的投标招标、建设项目的可行性研究、市场调查、企业资信调查、商品代购代销等事务也属律师非诉讼代理之范畴。但是从这些事务的本质特征来看，其存在的价值主要在于其商业意义而不在于其法律意义，这些事务的代理则属商务代理的范畴，宜由商务代理职能机构进行。律师代理商业事务与律师的职能不相符合，更不是律师的专长，不仅难以充分发挥律师向当事人提供法律帮助的职能，而且客观上会促使律师业务工作机构经办商务代理以追求经济高效益，妨碍律师代理非诉讼法律事务制度的发展。总之，律师代理的非诉讼法律事务，只以当事人委托的具有法律意义的事务为限。

2. 律师代理非诉讼法律事务应当有法律加以规定。不是任何法律事务，律师均可为非诉讼代理，要建立合乎理论逻辑又有助于实践发展的非诉讼代理制度，理论上必须强调律师非诉讼、代理法律事务的法定化。但是，目前我国的立法对律师非诉讼代理之范围并无界定，理论和实践存在相应的差异。为此，凡是法律已明确规定不能由律师非诉讼代理事务以及法律事务本身的性质决定其不宜由律师非诉讼代理的，律师不能进行非诉讼代理。律师非诉讼代理的法律性特征，将决定律师非诉讼代理制度发展前景的基本格局。

三、律师非诉业务的范围

非诉讼代理的范围非常广泛。一般而言，凡是具有法律意义的事务，除非法律规定不得进行非诉讼代理，律师均可以接受当事人的委托进行非诉讼代理。近年来的律师业务实践，促使律师代理非诉讼法律事务的范围不断扩大，具体的代理事项日益增多，但是非诉讼代理总也不能越出律师可以进行非诉讼代理的范围。非诉讼代理的范围是非诉讼代理的法律性特征的具体化。不论律师代理非诉讼法律事务的具体种类有多少，其在性质上大致可以分成有争议的法律事务和无争议的法律事务。

（一）有争议的非诉讼法律事务

有争议的非诉讼法律事务，是指在当事人之间已经发生争议或者可能发生争议但不必进行诉讼的法律事务。对此，律师可以进行非诉讼代理。

有争议的法律事务，依其发生的原因分类主要有：

1. 民事纠纷。公民之间、公民和法人之间因为民事法律行为或民事违法行为而形成的权益争执。例如婚姻纠纷、继承纠纷、合同纠纷、侵权纠纷、无因管理纠纷、不当得利纠纷等。民事纠纷的特点是当事人地位平等，当事人的任何一方均可以处分自己的民事权利。因此，所有的民事纠纷，律师均可以进行非诉讼代理。

2. 经济纠纷。法人之间、法人和个体工商户、法人与农村承包经营户、法人和其他组织或企业之间为实现一定经济目的而发生的经济利益或者权益争执。例如，经济合同、商标侵权、专利侵权等纠纷。经济纠纷具有相同于民事纠纷的特点，故所有的经济纠纷，律师均可以进行非诉讼代理。

3. 行政争议。公民、法人或其他组织不服行政机关的具体行政行为而发生的争议。例如不服行政处罚或者不服行政强制措施而发生的争议。行政争议依法可由行政复议程序处理的，律师均可以进行非诉讼代理。

4. 轻微的刑事案件。刑法规定的由当事人自诉的刑事案件，当事人可自由处分其权利，从而选择诉讼外的方式解决纠纷。对此，律师可以接受当事人的委托进行非诉讼代理。

5. 劳动争议。劳动者和劳动者的用工单位所发生的争议。律师可以接受当事人的委托，代理参加调解或参加仲裁。有争议的非诉讼法律事务，必然发生在双方当事人或者多方当事人之间。只有一方当事人的非诉讼法律事务，不可能存在争议。不论争议事件的双方当事人或多方当事人中任何一方当事人人数多少，律师可以接受其中任何一方当事人的委托，代其解决争议。但是，行政争议的非诉讼代理，律师一般只接受不服行政机关之具体行政行为的公民、法人或其他组织的委托，代理申请或参加行政复议。

（二）有争议的非诉讼法律事务的种类

律师代理有争议的非诉讼法律事务，在业务内容上主要可以划分为五大种类：①接受委托代理非诉讼当事人参加调解，这包括民事纠纷、行政纠纷、轻微刑事案件及劳动争议的调解。②接受委托代理非诉讼当事人进行和解。除行政争议外，律师可以代理非诉讼当事人通过协商解决争议。③接受委托代理非诉讼当事人申请仲裁或者参加仲裁。④接受代理非诉讼当事人申请或者参加行政复议，律师代理行政复议只以依法可以提请行政复议的行政纠纷为限。⑤接受委托代理行政申诉。发生争议，不论争议的种类如何，依法可以由国家有关行政机关处理的，律师可以代理争议当事人任何一方提请国家有关行政机关处理争议。总之，不以诉讼解决的有争议的非诉讼法律事务，律师均可以接受代理。

（三）无争议的非诉讼法律事务

无争议的非诉讼法律事务，是当事人只需依法履行一定的手续或从事一定的行为，便足以引起某种法律关系发生、变更或消灭的法律事务，多以当事人的单方法律行为为限。无争议的非诉讼法律事务外延非常广泛，难以具体界定其范围。但是，可以根据非诉讼代理的法律性特征来评价当事人委托律师办理的事务是否构成无争议的非诉讼法律事务。我国现有法律对于无争议的非诉讼法律事务的范围无明确的规定。全国律师协会非诉讼业务委员会会议，对于律师实务中代理的非诉讼法律事务进行了初步归纳，提出无争议的非诉讼法律事务包括以下内容：①代办专利、贷款、税金减免、商标注册、产品生产和商品进出口许可证等申请、申报、申领手续。②对办企业、联营组织的筹建、开业、歇业、变更经营范围和注册资金等工商登记事务。③代办财产投保、交付保险金、转移保险代位权、请求保险赔偿金等事务。④代办财产租赁、抵押、借用、赠与、信托、寄售等事务。⑤代办股票、债券的发行、认购事务。

⑥代办土地使用权、知识产权及股权等有偿转让事务。⑦代办房地产及大型资产拍卖、商品代购代销等事务。⑧代办建筑工程承包、企业承包、租赁经营等投标招标事务。⑨代理参与企业的歇业、破产的清算事务。⑩代办民事经济项目的可行性研究、各类合同和章程的审查事务。⑪代办市场、商品信息及企业资信的调查事务。⑫出具法律意见书或法律建议书。⑬代理债权人向债务人或债务的保证人追索债款财物。⑭代理参加经济协作、经济合同、联营等谈判、签约活动。⑮代理在报刊、广播、电视等公开场合对某项法律事件或法律行为发表声明，表明立场、态度、观点。⑯接受公民或法人的申请，对某项法律事件或行为进行见证。⑰其他适合律师办理的非争议性法律事务。可见，我国律师代理的非诉讼法律事务，几乎已涉及公民、法人从事社会经济活动的各个领域。但是，它在某些方面失之过宽。例如，股票、债券的发行和认购，本身为金融业务活动，律师不能代理进行，律师能够代理的只是有关股票、债券的发行和认购的法律事务，即代理股票、债券之发行者或认购者承办相应的法律手续。再如，代办市场、商品信息调查，代办商品代购代销，代办建设项目的投标招标等，均是一般的商务代理，也难以构成律师的代理业务。凡是性质上属于商务活动的各项代理，律师只能代理其中的法律部分，职责也在于向委托人提供法律帮助，协助当事人办理有关法律手续，律师不能代理具体的商务活动。

（四）无争议的非诉讼法律事务的范围

以我国的律师业务实践为基础，考虑到律师非诉讼代理的特征，为达到进一步健全律师非诉讼代理制度的目的，极有必要而且也有可能划定律师代理之无争议的非诉讼法律事务的范围如下：①代理专利法律事务，主要指律师以专利代理人的身份代理专利申请及专利转让许可法律事务。②代理商标法律事务，主要指律师代理商标注册申请以及注册商标转让许可证法律事务。③代理企业设立法律事务，主要以律师代理企业的设立审批及工商登记法律事务为限。④代理税务法律事务，主要是指律师代理纳税人申办税务登记，免税鉴定以及纳税申报等法律事务。⑤代理许可证法律事务，即律师代理当事人申领进出口许可证、卫生许可证和生产经营许可证。⑥代理合同谈判与签约，主要包括律师代理当事人参加协议、合同、章程等法律文件的谈判以及最终在谈判文件上签署。⑦代理财产权的设定转让法律事务，例如代理当事人投保、交付保险金、请求保险金给付法律事务，代理当事人设定抵押、变价财产等法律事务。⑧代理清理债权债务，包括代理非因破产而终止后的企业之财产清算事务。⑨代理当事人办理共同财产分割、遗嘱的执行、遗产分配等法律事务。⑩接受当事人的委托，出具法律意见书或法律建议书。这里应当注意，如果律师接受当事人的委托，其任务仅仅在于出具法律意见书，那么不构成律师的代理业务。因为律师出具法律意见书不能以当事人名义作出，而只能以律师本人的名义作出。严格地讲，律师接受委托，出具法律意见书或法律建议书，不是律师的非诉讼代理业务。⑪代理发表声明。律师以当事人的名义和代理人名义联名通过媒体发表有关法律事件或法律行为的声明。⑫其他适合律师代理的无争议的非诉讼法律事务。随着我国法制的进一步健全，需要律师代理的非诉讼法律事务的范围也必将会有所变化，人们对非诉讼法律事务的认识也会更加具体和全面，律师非诉讼代理的重要性则会更加明显。

四、律师参与非诉业务的意义

自从我国 1980 年恢复律师制度以来，律师非诉讼代理制度得到迅速发展，不仅有其客观上的社会需求，而且具有广泛的社会实践意义。

1. 律师代理非诉讼法律事务，有助于及时有效地维护当事人的合法权益。律师在诉讼外向当事人提供法律帮助，尤其是帮助当事人解决争议事件时，不受诉讼程序法所规定的严格程序和期间的限制，办事速度快。例如律师代理非诉讼调解，不仅无期间的限制，而且易于协助当事人心平气和地查明责任、分清是非、及时解决纠纷。律师代理非诉讼法律事务，解决问题的方法灵活、办理事务的形式多样，宣讲和适用的政策、法律针对性较强，容易被当事人所接受或理解，节省时间和精力，可以合情合理合法地及时解决纠纷，防止矛盾的激化和转化，从而有效地维护当事人的切身利益。

2. 律师代理非诉讼法律事务，有助于防止诉讼的形成，从而减轻人民法院的审判负担。律师代理无争议的法律事务，由此产生的后果由当事人承担。因律师以其专业化的法律知识帮助当事人办理非诉讼法律事务，有助于保证律师代理的非诉讼法律事务的准确性、真实性与合法性，从而避免或减少因为无争议非诉讼法律事务可能引发的纠纷，在根本上防止或减少诉讼的形成，客观上减少人民法院的审判压力。实际上，律师代理以非诉讼方式解决当事人之间所发生的纠纷，特别是帮助当事人解决有关财产权益、婚姻家庭、经济合同等民事权益纠纷，以及代理当事人参加行政复议，将各种可能的纠纷合法地解决在法庭大门之外，从而起到了息讼解纷的积极作用。

3. 律师代理非诉讼法律事务，有助于对外开放政策的贯彻执行，促进各种社会关系的正常发展，有利于社会的安定团结。随着我国对外经济贸易交往的扩大，各种涉外纠纷不断产生，并同时伴有大量的无争议的非诉讼法律事务，客观上要求律师提供广泛的法律帮助。律师在这一领域代理非诉讼法律事务，通过提供优质、高效的法律服务，不仅有助于帮助外国投资者及时、公正、合理地解决争议，帮助外国人或侨居国外中国公民了解和熟悉我国涉外法规，促进建立一个完备的配合对外开放政策的法律环境，而且有助于提高外国人对我国律师的信任和对我国法律的认识，尤其是有助于增强我国涉外仲裁机构处理涉外纠纷的国际地位，从而推动对外经济贸易和文化的交流。非诉讼代理制度，为律师代理业务的重要组成部分。

五、律师非诉业务实务

律师代理广泛的非争议法律事务，是律师拓展服务领域的必然选择。非争议法律事务进行全面的分析论证似乎还缺乏条件，况且非诉讼代理业务的研究本身就不可能穷尽。这里所称律师代理非争议法律事务，只以律师代理专利法律事务、律师代理商标法律事务、律师代理企业设立法律事务、律师代理税收法律事务、律师代理许可证法律事务、律师代理合同谈判法律事务以及律师代理发表具有法律意义的声明为对象。

（一）律师代理专利法律事务

律师代理专利法律事务，特指有专利代理人资格的律师以当事人的名义代理专利申请、专利转让许可法律事务。依我国现行法律，律师代理非争议专利法律事务，必须具有专利代理人资格。首先，代理专利事务的律师，必须从业于经国家专利管理机关批准，从事专利代理的律师业务工作机构；其次，代理专利事务的律师必须经专利管理机关核准而取得专利代理人资格。此外，律师代理专利申请人请求专利管理机关复审专利申请、代理第三人向专利管理机关提出异议或者请求宣告专利权无效以及代理专利权人请求制止专利侵权等法律事务的不在此限。律师代理的只能是无争议的专利法律事务，只以代理专利申请和专利转让许可的法律事务为限。

1. 律师代理专利申请。取得专利代理人资格的律师，可以经其业务工作机构的委派，接受专利申请人的委托，代理其办理专利申请法律事务。律师在代理专利申请前，对于申请人所提供的材料应当进行初步判断，明确该发明创造是否符合专利法规定的新颖性、创造性和实用性，以便确定是否应当接受委托代理专利申请。律师接受当事人委托，代理专利申请法律事务，首先应当帮助申请人分析取得专利权的可能性，请求何种专利保护方法和在多大的地域内申请专利，律师代理专利申请，需要经办的手续主要有以下几项：①与专利申请人协商订立代理专利申请委托书，明确代理权限；②撰写或者准备专利申请文件，主要有专利请求书、说明书、附图、权利要求书、摘要和其他应向专利局提交的文件；③向专利局提交专利申请文件。代理律师应当依照申请人的要求和根据专利法的规定及时向专利局提出申请，并根据情况请求实质审查；在此阶段如有必要，代理律师还应当继续向专利局提供有关证明文件或者帮助修改专利申请文件；④当第三人对专利申请提出异议时，律师应当代理专利申请人对专利申请异议表明立场，陈述意见和进行答辩；⑤律师代理专利申请时，可依委托人的授权在专利申请驳回时，继续代理专利申请的行政复议或者诉讼。

除上述情形以外，律师代理专利申请，应当特别注意以下问题：①律师不得自行接受委托代理专利申请。②律师代理专利申请，尤其是在涉及申请人的权利要求方面，必须在委托权限内从事代理行为。③律师在代理专利申请过程中，对自己了解或知悉的发明创造，除去专利申请已经公布或者公告的部分以外，应当保密。④律师在担任专利代理人期间，自己不得向专列局申请专利。⑤律师代理专利申请，仍可根据申请人的委托，代理专利申请权的转让事务。

2. 律师代理专利转让与许可。专利权人依法可以向他人转让其专利权，或者许可他人使用其发明专利。律师代理专利的转让与许可，是在专利权人、专利权受让人、发明专利的被许可使用人的授权范围内代理以下法律事务：①代理当事人起草专利权的转让合同或专利的使用许可合同；②代理当事人参加专利权的转让或专利的使用许可谈判；③代理当事人办理专利权转让的批准手续。国有企业转让专利权的，必须经上级主管机关批准，中国单位或者个人向外国人转让专利权的，必须经国务院有关主管部门批准；④代理当事人向专利局办理登记和公告事务，转让专利权必须订立书面合同并经专利局登记和公告后才能生效；⑤专利使用许可合同生效后 3 个月内，专利权人应将合同提交专利局备案，律师可依专利权人的委托向专利局办理备案手续。但是，律师代理专利的转让许可法律事务，应当避免成为当事人双方或多方的中介人，即代理律师不得同时兼做专利权人和专利权受让人或者专利权人发明专利的被许可使用人双方的代理人办理专利的转让许可法律事务。

（二）律师代理商标法律事务

律师代理商标法律事务，以代理商标注册和注册商标转让许可法律事务为主要内容。依我国《商标法》，经商标局核准注册的商标为注册商标，商标注册人享有商标专用权，受法律的保护。从事工商业经营的单位或个人为取得商标专用权，应当向商标局申请注册，商标注册人可以转让注册商标或许可他人使用注册商标。但是，申请商标注册、转让注册商标、续展注册或变更注册等有关商标事宜，当事人委托代理人代理的，应当委托国家工商行政管理局指定的组织代理。商标注册及注册

商标的转让许可事务，是具备极强法律意义的事务，律师业务
工作机构以其提供专业化法律服务的优势，完全能够胜任有关
商标的非争议法律事务的代理工作。经国家商标局指定的律师
业务工作机构，有权代理商标法律事务。律师代理商标注册的
申请、注册商标转让许可等法律事务，是我国商标法制和律师
非诉讼代理业务的必然发展趋势。

1. 律师代理商标注册申请。律师代理商标注册申请，是以
委托人的名义请求商标局核准提请注册的商标行为。律师代理
商标注册申请，首先应当对委托人委托事项进行初步审查，明
确商标注册的申请人是否是依法登记，并能独立承担民事责任
的企业、个体工商户、具有法人资格的事业单位，或者符合
《商标法》第9条所规定的外国人或外国企业，查明申请注册的
商标是否有法律明文规定不得使用的文字图形。经初步审查认
为符合申请注册商标的条件的，律师应当接受委托，代理申请
商标注册；其次，代理律师应当起草或者准备商标注册申请的
相关文件，并以当事人的名义及时向商标局提出申请。申请文
件包括商标注册申请书、商标图样、商标墨稿、生产许可证、
律师代理委托书等其他文件。律师代理申请商标注册，应当按
规定的商品分类表填报使用商标的商品类别和品名，在不同的
商品类别上使用同一商标时，应按商品分类表，分别提出注册
申请。注册商标要在同一类的其他商品上使用的，或者文字、
图形的均应当重新提出注册申请；再次，律师代理向商标局提
出注册申请后，第三人对申请注册的商标提出异议的，代理律
师应当在其代理权限内对第三人所提异议向商标局表明当事人
的立场或进行答辩。

律师代理商标注册的申请，不以代理当事人向商标局提出
未注册商标的注册申请为限。律师还可以接受当事人的委托，

代理注册商标的变更注册、转让注册和续展注册的申请。依我国商标法的规定，注册商标要改变文字、图形或者要变更注册人的名称、地址或者其他注册事项的，应向商标局申请变更注册，注册商标在转让时，转让人和受让人应当共同向商标局提出申请，并交出《商标注册证》，由受让人所在地商标局核转让注册后发给受让人，注册商标有效期为 10 年。在有效期满前的 6 个月内，商标注册人需继续使用该注册商标的，应当向商标局提出续展注册商标的申请。

除上述情形以外，外国人或外国企业需要在中国境内申请商标注册而委托律师代理的，应当委托中国律师，并向代理律师出具代理委托书一份，载明律师的代理权限，外国申请人应依规定送交国籍证明书一份和提交商标图样商标申请费等。外国申请人应当提交的有关文件和代理委托书，应当经过公证或认证手续，或者按照对等原则办理。律师在我国办理涉外商标注册的申请，有关申请文件及代理委托书是外文写成的，应当附具中文译本。另外，《巴黎公约》成员国的国民，在中国申请商标注册要求优先权时，代理律师则应当在提出商标注册申请的同时提交书面声明，并附交在《巴黎公约》成员国第一次提出商标注册申请的副本，要求优先权的第一次商标注册申请副本应当经该国商标主管机关证明，注明申请日期和申请号，副本无须认证。但是，其他我国商标局要求提交的文件，应当经过认证。

2. 律师代理注册商标转让的许可。律师代理注册商标的转让许可，指律师接受商标注册人的委托，以商标注册人的名义办理有关注册商标的转让许可法律事务。律师代理此项法律事务，主要应当做好以下几个方面的工作：①代理委托人起草，或者准备注册商标转让合同或注册商标许可使用合同，并参加注册商标转让许可事务的谈判。②向商标局办理注册商标转让的申请手续。在申请注册商标转让时，代理律师应会同注册商标受让人或其代理律师共同向商标局提出申请。国家规定必须使用注册商标的人用药品和烟斗制品的注册商标的转让申请，应当附具受让人的生产或经营许可证。③代理当事人办理商标许可使用合同的备案手续。商标注册人通过订立注册商标许可使用合同而许可他人使用其注册商标的，其代理律师应当将该合同报商标局备案。

除此以外，律师代理注册商标转让许可法律事务时，应当查明注册商标的受让人或被许可人是否合格，注册商标转让许可的相对人是否为商标立法所要求的合格法人。

（三）律师代理企业设立法律事务

企业设立法律事务，主要包括企业的设立审批和工商登记法律事务。设立企业应当经国家有关部门在其权限范围内进行审批，未经审批机关批准，不准设立企业，但是法律有特别规定的除外。办理企业的设立审批，是开办企业的前提条件。企业的发起人为了设立企业，履行报批手续，可以委托律师代理向国家法律规定的审批机关以发起人的名义请求审批。企业的工商登记是企业取得营业资格的必要前提，未经工商登记任何企业不得营业。企业的工商登记也涉及不少法律事务，申请人可以委托律师代理经办企业的工商登记申请。律师代理企业设立法律事务，对于维护企业的发起人的合法权益有重要的意义。

1. 律师代理企业设立审批申请。律师应以企业发起人的名义向企业设立的审批机关提出请求，并报送相关的法律文件以求获准设立企业，律师代理此项业务，应当注意以下几个方面的问题：①接受委托，明确委托代理权限，帮助或者要求委托人准备有关报批企业设立的有关材料。②代理委托人起草或协助委托人起草有关报批企业设立的法律文件，并代理委托人及时报送有关企业设立的审批机构。企业设立申请的法律文件有诸如可行性研究报告、计划任务书、企业章程等。③明确具体的审批机构或审批权限。不同性质的企业设立程序有所不同，私营企业无须专门的审批机构审批即可设立，而外商投资企业则必须由法定的授权审批机构进行审批。律师代理企业设立的审批申请，应当熟悉相关的企业设立审批的程序和法律，依法定申报程序进行。例如，设立国有企业时，代理律师应当明确掌握以下审批权限的法律规定，各级对外经济贸易专业公司，由对外经济贸易部负责审批。各级金融性公司，由中国人民银行负责审批。除对外经济贸易专业公司和金融性公司以外的全国性专业公司（集团），授权由国务院生产委员会组织审批。大型综合性的和对国民经济发展有重大影响的全国性公司（集团），由国务院生产委员会组织审核后，报国务院批准。除对外经济贸易专业公司和金融性公司以外的地方性公司，由各省、自治区、直辖市人民政府参照上述原则，确定审批机关。

2. 律师代理企业工商登记申请。所有的企业经批准设立后，必须办理工商登记，不办理工商登记，任何企业不得刻制公章、签订合同、注册商标、刊登广告，即不得从事任何经营业务。企业的工商登记，除法律有特别规定的以外，均为营业登记。依我国法律的规定，所有的企业都必须进行营业登记（开业登记），但有的企业还必须进行筹建登记。例如，经国务院有关部门或者各级计划部门批准的新建企业，筹建期在一年以上的，应当按照专项规定办理筹建登记。除此以外，企业改变名称、住所、营业场所、法定代表人、经济性质、经营范围、经营方式、注册资金、经营期限以及增设或撤销分支机构，均须办理变更登记，企业歇业、被撤销、宣告破产或因其他原因终止营业的，应当办理注销登记。企业的营业登记、筹建登记、变更登记和注销登记，构成企业工商登记的全部内容。企业的工商登记均为技术性的法律事务，允许或不允许律师代为申请难以用充分的理论论证加以说明。除非国家立法专门禁止律师代理企业的工商登记申请，律师可以接受申请企业工商登记的当事人的委托，代理经办企业的各项工商登记申请法律事务。

律师代理企业的工商登记申请，应当注意以下几个方面的问题：①明确代理工商登记的范围：律师只能在代理权限内办理营业登记或筹建登记或变更登记或注销登记；②按照登记主管机关的权限办理登记事项。经国务院或国务院授权部门的批准向全国性公司、企业集团、经营进出口业务的公司，由国家工商行政管理局核准登记注册；外商投资企业，由国家工商行政管理局或者经其授权的地方工商行政管理局，核准登记注册；全国性公司的子（分）公司，经省、自治区、直辖市人民政府或其授权部门批准设立的企业、企业集团、经营进出口业务的公司、由省、自治区、直辖市工商行政管理局核准登记注册；其他企业由所在市、县（区）工商行政管理局核准登记注册。③企业申请登记的名称要符合法律的要求。企业申请登记只准使用一个名称，并不得使用下列名称：对国家、社会或公共利益有损害的名称；外国国家名称；国际组织名称；以外国文字或汉语拼音字母组成的名称；以数字组成的名称。④及时提出营业登记申请。办理企业的营业登记，应当在主管部门或审批机关批准后 30 日内向登记主管机关提出申请，没有主管部门、审批机关的企业申请开业登记的，可随时直接向登记主管机关提出，例如私营企业的营业登记。⑤准确提交依法应当报送的文件。企业申请开业的登记，应当提交：组建企业负责人签署的登记申请书；主管部门或审批机关的批文；企业的组织章程；

资信证明、验资证明或者资金担保；企业主要负责人的身份证明；住所和经营场所使用证明；其他登记机关要求提交的文件、证件。

（四）律师代理税收法律事务

有关税收的非争议法律事务，主要有税务登记申报、纳税鉴定申报、纳税申报等项法律事务。律师可以接受纳税人的委托，作为代理人申办上述法律事务。律师代理有关税收的非争议法律事务，包括以下几个方面：

1. 代理税务登记申报。税务登记是纳税人向税务机关办理书面登记的法定手续。凡从事生产经营而实行独立核算的，经工商行政管理部门批准开业的纳税人，应当自领取营业执照之日起30日内，向当地税务机关申报办理税务登记，其他有纳税义务的单位或个人，除税务机关规定无须办理税务登记者外，应当在依税法之规定成为法定纳税人之日起30日内，向当地税务机关申报办理税务登记。纳税人办理税务登记后，发生转业、改组、分立、合并、联营、迁移、停业和破产等其他需要变更税务登记的情形时，应当在有关部门批准或者宣告之日起30日内向主管税务机关申报办理变更税务登记。律师根据上述规定代理税务登记申报时，应当向税务机关提交申请税务登记报告和有关的批准文件及其他有关证件（如营业执照）。

2. 代理纳税鉴定申报。纳税是税务机关依税法的规定以及财务制度和业务情况对纳税人应纳什么税和怎样纳税等有关事项所作的书面鉴定。办理税务登记的纳税人，应当向税务机关申报办理纳税鉴定。申报时，应根据具体情况，分别就所有制形式、经营方式、经营范围、生产产品的名称、性能、用途以及收入所得和其他应纳税项目，如实填写纳税鉴定申报表。纳税人纳税鉴定项目发生变化的，应自纳税鉴定项目变化之日起

15 日内向主管税务机关申报，以便修订纳税鉴定书。

3. 代理纳税申报。纳税申报是纳税人履行纳税义务的法定手续，也是税务机关办理征税业务、核定应征税额、开具纳税凭证的主要依据。纳税人必须按照规定进行纳税申报，向税务机关报送纳税申报表、财务会计报表和有关纳税资料。纳税人纳税申报的时间由税务机关根据税收法规和纳税人的具体情况分别确定。纳税人因特殊原因不能按期办理纳税申报的，必须报告主管税务机关，由税务机关酌情准予延期。律师代理纳税申报，应当特别注意维护纳税人依法享有的减税、免税和退税等合法权益，并及时向税务机关提出书面申请。当然，律师代理纳税人申请减税、免税和退税事宜，必须符合法定减税、免税和退税的条件。例如我国《海关法》第 45 条规定：海关多征的关税，海关发现后应当立即退还，纳税义务人自缴纳税款之日起 1 年内，可以要求海关退还。我国《进出口关税条例》第 22 条规定有下列情形，可申请退税：①因海关误征而多纳税款；②海关核准免验进口的货物，在完纳关税后，发现有短卸事情，经海关审查认可的；③已征出口税的货物，因故未装运出口申报退失，经海关查验属实的。依海关的上述规定，发现有应退税的情形的，纳税义务人可以委托律师代理向海关申请退还多缴的关税。总之，律师代理纳税申报，应当实事求是，并根据法律的规定维护纳税义务人的合法权益。

（五）律师代理许可证法律事务

许可证是经国家授权机关审查而特别许可申请人从事某种生产经营活动的证明。许可证非依国家的规定，不得颁发。它是国家管理企事业单位乃至公民个人从事生产经营活动的一种重要方法。依法需要申领许可证的，在申领许可证之前或者不申领许可证，不能从事属于许可证范围内的任何业务活动。当事人申领许可证是一种单项法律行为，它使得被许可的人取得从事特定活动的资格。既然我国法律并不限制律师代理当事人申领许可证，律师自然可以代理申领许可证的法律事务。律师代理申领许可证，应当以当事人的名义，向办证机关出示当事人的授权委托书，并提交申领许可证的必要法律文件。

1. 律师代理申领进口许可证。凡是国家明令规定凭证进口的货物，都必须事先申请领取进口货物许可证。凭证进口的货物，只有在申领进口货物许可证后，经营进口业务的公司才可以对外订货。对外经济贸易部代表国家统一签发进口货物许可证，经其授权的省级对外经济贸易管理部门也可以签发本地区所属各部门部分进口货物许可证，对外经济贸易部驻主要口岸特派员办事处签发在其联系地区内有关部门的部分进口货物许可证。需要进口凭证进口的货物，必须向相应的发证机关提出申请。申领进口货物许可证的单位，必须向发证机关提交：①厅、局级以上单位出具的申请函；②厅、局级以上主管部门和归口审查部门批准的进出证件。申请函应当写明进口商品名称、数量、规格、单价，金额、我方对外成交单位、进口国别、外汇来源、贸易方式、到货口岸、申请单位名称等项目。申领进口货物许可证必须如实申报。

2. 代理申领出口许可证。除经营出口业务的公司在批准的经营范围内出口商品一般无须办理出口货物许可证外，任何单位和个人向国外运送货物，必须办理出口货物许可证，否则不得出口。必须申领出口许可证的有以下两种情形：

一是经营出口业务的公司在下列情形下，出口货物应当办理出口许可证：①输往国家对其出口的商品有配额限制；②对外经贸部门认为有必要实行出口许可制度而限制其出口数量或价格的商品；③国务院有关部门已明确规定控制出口或不准出口的产品；④由于国际市场的变化或者国别政策的需要，对外经贸部门认为需要在一定时期内适当控制出口的商品。

二是在下列情形下，出口任何商品或产品均必须申领出口许可证：①未经批准经营出口业务的企业、国家机关、团体、学校或个人运往国外的货物；②各有关部门、企业、团体组织的出国展销品和出卖品；③各企业、厂矿以来料加工、补偿贸易或者贷款形式，不通过外贸公司要求直接出口的商品；④各外国使团、企业代表、外国公民和旅游者运出的货物；⑤外国公民和旅游者带出超过合理自用数量的货物。

申领出口货物许可证，应当向对外经济贸易部及其授权的有关省、市、自治区对外贸易局提出请求。企业、机关、团体、学校、个人向办证机关提出申请的，应当写明出口商品（货物）的名称、规格、输出国别地区、数量、单价、总金额、交货期、支付方式等项目，并不得弄虚作假。

3. 律师代理申领卫生许可证。食品生产加工企业、食品经营企业及商贩、化妆品生产企业等涉及卫生条件要求高的企业，个体工商户，应当依照法律的规定，向省级或者省级部门授权的卫生行政部门申领卫生许可证。卫生许可证是这类企业、个体工商户申请工商登记和开始营业的前提条件。律师代理当事人申领卫生许可证，应当初步查实确知当事人，已具备卫生行政部门规定的签发卫生许可证的条件。律师在代理申领卫生许可证时，应当向颁证机关提交书面申请和卫生行政部门要求提交的法律文件，并出具当事人的委托代理授权书。

4. 律师代理申领生产（经营）许可证。生产、制作、加工及经营国家法律规定必须申领许可证的产品，应当向各级行业主管部门或者企业主管部门申领生产（经营）许可证。依法应当申领生产（经营）许可证的产品，不申领生产（经营）许可证或无生产（经营）许可证的，不得进行生产和销售行为。律师代理申领生产（经营）许可证，应当按照行业管理的原则，向有权颁证的机关以生产、制作、加工或经营者的名义提出书面申请。例如，制造修理计量器具的企业单位和个体工商户，应当向计量行政部门申请领取制造计量器具许可证或修理计量器具许可证。再如，药品生产加工企业应向卫生行政部门申领药品生产企业许可证，药品经营企业应申领药品经营企业许可证。医疗单位自配制剂应当申领制剂许可证，经营烟草专卖品的企业单位和个人必须向各级烟草专卖局申领烟草专卖许可证。生产（经营）许可证只能依照法律的规定或行业主管机关或上级行政主管机关的规定申领。

（六）律师代理谈判与签约法律事务

在现实社会生活中，人与人、企业与企业之间的交往，多以合同为媒介，而合同的订立又多是通过谈判来实现的。谈判是当事人之间为实现自己的目的而相互间洽谈协商最终取得意见一致的过程。合同的谈判过程，就是欲订立合同的双方或多方当事人进行签订合同的接洽、磋商达成订立合同之目的的活动过程。由于合同是典型法律行为，涉及多方面的法律问题。律师接受谈判参加人的委托，代理其参加谈判，既能保证合同的签订合法，又能给委托人提供全面的法律帮助。律师代理合同的谈判，是否有代理签约的资格，取决于委托人的特别授权。一般而言，律师代理签约，通常也代理合同的谈判，但是代理合同的谈判，则并不一定能够代理签约。律师代理合同的谈判，应当做好以下四个方面的工作：

1. 接受当事人的委托，明确代理权限。律师代理合同的谈判，在整个谈判过程中都是委托人的代理人，只能以委托人的名义为委托人的利益进行谈判。同时，律师作为代理人进行合同谈判，是进行主谈还是在法律上向委托人提供帮助，协助委托人协谈。代理律师一定要明确。作为主谈的代理律师，负有全面掌握和引导谈判进程的重要职责；协助委托人谈判的协谈律师则在必要时参加谈判，更多的则是向委托人提供法律建议。尽管如此，律师在明确代理合同谈判的权限方面仍不能放松把握委托人进行合同谈判的真正意图，否则，律师代理合同谈判的作用就难以充分的发挥。

2. 切实做好合同谈判前的各项准备工作。做好合同谈判的准备工作，是律师代理谈判取得成功的基础，准备工作不充分，代理律师在谈判中就会处于被动地位。一般而论，律师代理合同谈判的准备工作应当全面，主要有：①与委托人交谈，了解谈判项目和委托人的初步意图，并做出明确的记录以备查考。②根据委托人的委托，代理收集有关资料、情报、法律和政策，向委托人提出代理律师的初步法律意见。③根据委托人的委托起草合同、章程等法律文本，或者协助委托人起草合同、章程等文本并提出相应的法律意见。④根据委托人的委托，代理或者协助委托人了解谈判对方的资信情况、商业信誉或者其他应当掌握的情况，并在调查研究的基础上与委托人协商分析，拟定谈判中可能遇到的困难和采取的对策。⑤收集和整理合同谈判中可能涉及的所有法律法规，涉外谈判还应收集有关的国际条约和国际惯例，并结合合同谈判中可能遇到的法律问题做全面细致的研究。另外，代理律师还应当同委托人交换意见共同对合同谈判的进程、细节和结果等进行初步的可行性分析判断。

3. 代理正式参加谈判。律师代理委托人充当主谈人参加合同谈判时，其主要任务是：①纵观全局，掌握情况，在授权范围内实施谈判方案；②随时同委托人的谈判参加人员交换意见，对谈判所涉及的重大问题作出法律上的说明或解释；③根据谈判进行的具体情况，及时修订或者变更谈判方略，做到有理、有利、有节，使谈判能尽可能地按照预计的方向发展；④对于谈判中有争议的问题，代理律师应当从"合法与互利"的角度进行充分的阐述，以求对方谈判参加人理解，吸引对方接受，或者赞同代理律师以委托人名义提出的办法、措施和原则。

如果代理律师只是协助委托人参加谈判，其主要任务是：①密切关注谈判进程，对于谈判对方提出的不同建议、措施，及时向委托人提供法律上的解释，供委托人参考；②准确地回答谈判对方当事人提出的有关法律问题；③采取及时有效的补救措施，弥补或者修正委托方谈判人员的重大失误；④对于谈判中合同所涉及的具体条文，尤其是涉及谈判各方权利义务和责任的条文，应当仔细研究，避免出现不利于委托人或违反法律条文的情况；⑤律师在合同谈判中的主要任务是提出建议、解答咨询，切实维护委托人的合法权益，律师代理正式参加谈判，对于经谈判而拟定的合同文本，应当对于委托人是否签署提出法律建议。

4. 律师代理合同谈判的善后工作。经过谈判，双方当事人分歧较大无法形成合同的，代理律师应当写出谈判纪要，向委托人说明或分析谈判破裂的重要原因，并提出委托人是否继续谈判或另行谈判或彻底终止谈判的法律意见。经过谈判，双方当事人之间形成了合同，代理律师也应写出谈判纪要，总结和分析合同谈判过程中所遇到的重大法律问题，并对合同生效后履行过程中可能会遇到的法律问题进行预见性研究，向委托人提出解决问题的初步法律意见，同时提请委托人注意是否要对合同进行公证。

5. 律师代理签约。律师代理签约，是律师以委托人的名义同对方当事人签订合同的代理行为。律师代理参加谈判而在当事人之间形成合同文本，经委托人特别授权，可代理委托人签订合同，但是律师代理签约应向谈判对方当事人出具授权其签约的委托代理证明。另一种情形是，律师并不参加合同的谈判，只是根据委托人的授权，代理委托人单纯履行签订合同的行为，即代理单纯签约。在这种情形下，代理律师应当对拟签订的合同内容进行审查，确认合同主体，内容及双方的权利义务关系均合乎法律的，再履行签约手续。如代理律师发现合同有不利于委托人的条文，应当向委托人说明并征询其意见后再行签约手续。律师在代理权限内代理签约，其后果由委托人直接承担。

（七）律师代理发表具有法律意义的声明

律师可以根据当事人的授权，以当事人的名义在电视、广播、报刊等传播媒介上对某一法律事件或法律事实表明立场和主张，以告知世人。从目前律师实务中所发表的大量声明看，多限于当事人的合法权益受到侵害而又难以查实侵权人的情形下，为制止侵权行为的继续而发布的声明。但从律师代理当事人发表声明的范围来看，律师代理发表声明常有以下几种情形：

1. 为制止侵权行为的继续而发表的声明，有的声明有侵权人等相对人，有的声明则无具体的侵权人等相对人。

2. 为证明某种法律事实的存在或不存在而发表的声明，例如企业改变名称声明。

3. 为证明终止某种法律行为的声明，即声明自确定之日期起不再受某种法律行为约束的声明。例如解除代理人代理权的声明，企业破产进行清算的声明等。

律师接受当事人的委托发表声明，必须注意以下三个问题：

1. 发表声明必须在代理权限内。在何种传播媒体上发表声明，发表什么样的声明，何时发表声明均由委托人自定，未经委托人明确授权，律师应当要求委托人明确授权，并将拟发表声明文稿交由委托人审校。

2. 律师代理声明，应当以事实为根据，以法律为准绳。在传播媒体上发表声明，影响面极广，动辄侵害他人的权益，也容易损害委托人的利益，违背事实和法律而发表的声明，应当承担相应的法律后果。律师代理当事人发表声明，应当谨慎。为此，首先，律师对当事人委托发表声明的事项应当进行调查，将事实核实清楚，事实不清或者委托人的要求违背事实，应当劝说委托人放弃发表有关事项的声明，委托人坚持发表声明的，律师应当辞去委托。其次，当事人委托律师发表声明，涉及明确具体的相对人时，声明的发表对该相对人会造成不利之影响的，代理律师应当事先向该相对人磋商、调查事实。在相对人已明确告知代理律师而有争议的情形下，律师不宜再继续代理发表声明，否则，由此造成该相对人损害的，代理律师应当负连带责任。再次，律师代理当事人发表声明，应当严肃认真，于法有据。声明不得违反我国的法律、法规，损害我国的民族尊严，更不能有反动、迷信、淫秽、荒诞的内容，声明的用语应当严肃、规范，不要使用模棱两可或者容易引起误解的语言。声明严格依法是维护委托人的利益、产生声明预期效果的必要前提。

3. 律师代理发表声明，应当根据委托人的授权选择适当合理的传播媒体，采用适当的声明格式。对于传播媒体的选择，律师可以向委托人提出合理化建议，至于声明的格式，由代理律师会同委托人根据委托人所托事项的具体情况确定，内容可长可短，但以短小精悍说明问题为宜。再者，代理律师应当以委托人的名义发表声明，当然也可以授权以律师的名义同委托人联名发表声明，以示严肃和负责。

第七章

律师职业伦理

第一节　职业伦理和职业道德概述

我国在社会转型期的主要特点是社会处于激烈而深刻的变革之中，各种社会关系随着社会矛盾和社会冲突而起伏变化，社会也必然作出相应调整，如何建立新的社会秩序成为突出的重大问题。建立社会主义市场经济体制，完善相应的法律制度、规范惯例以及故有游戏规则，成为社会关注的焦点。中共中央在提出"以德治国"方略的基础上，又在 2001 年 10 月颁布了《公民道德建设实施纲要》，使得我国社会主义道德建设进入了一个新的阶段。在这一社会转型期和道德建设的新阶段，迫切需要加强培养个体的道德伦理理性精神。

一、规范职业伦理实现道德自律

在我国社会转型期，在现实的道德建设中，人们重视的是发挥道德的社会整合功能，使人们的道德观念和行为方式能够适应已经变化了的社会秩序。同时通过道德建设，为建立和维系新的社会秩序提供道德上的保障。因此社会伦理无疑成为社会生活的热点，也成为伦理学研究的重点。一方面制度伦理的问题被重新提上日程，尤其是社会主义市场经济在伦理上的正当性与合宜性的问题，引起了广泛的关注。另一方面，在社会主义市场经济条件下，如何维护社会正常秩序，确立适应社会主义市场经济和现代化生活方式的各种社会行为归属，也成为关注的焦点。近年来，在道德建设的实践中，社会公德、职业道德规范的制定与推行，所解决的就是这一方面的问题。事实上，经过多年的努力，社会公德和职业道德建设确实取得了可观的成效，而且这一过程尚未完成。社会伦理的问题，在一个时期内还是我们社会主义道德建设的一个重点。

但是，我们在注重社会伦理建设的同时，却忽视了个体伦理所面临的许多问题。一般说来，道德作为一种合宜生活的规则，不仅要回答人们的行为如何合乎社会伦理规范的问题，也要回答人们如何对待个体生命的意义，如何处理生老病死、物质欲望的满足、精神的追求和心灵慰藉的获得等问题。在伦理思想史上，这一问题具有重要的地位。在不同的历史条件下，在不同的社会群体中，个体伦理的地位是各不相同的。有些时候，在一些社会群体中，个体伦理的问题会变得十分突出。

从当今的现实来看，工业社会和市场经济带来的一个负面效应是人们的生存压力普遍增大，而人际关系又出现疏离化的倾向，一部分人群孤独感和疏离感增强。尤其是在激烈的市场竞争中失落的人群，往往处于社会的边缘，他们把自己的注意力集中于个人的命运、生命的意义、个人的健康以及生老病死等个人生活问题上。加之社会人口的老龄化，家庭的小型化以及核心家庭的增多，不仅使得退出社会生活主流的人群数量增加，而且使他们面临一系列的个体伦理问题。此外，由于当今社会处于转型期，原来许多人在物质生活和精神生活上所归依的"单位",大多已经无暇顾及他们,尤其在精神上难以给予必要的慰藉,而这些在旧体制下生活多年的人们又不适应这些变化,这也加深了他们在个体伦理方面的困惑。而我们道德建设的实践对于这一新情况,还没有予以足够的重视,留下了一个道德领域的"真空地带"。

既然有"真空"存在,就会有各式各样的观念通过非主流的渠道提供种种答案去回答这些问题。近年来各种关于个体伦理读物的大量发行,其中有宗教的也有邪教的,都或多或少地吸引了一部分人。"法轮功"的一个特点,就是抓住了人们对自己的健康、疾病、生命的关切,从个体伦理的误导入手,实行精神的控制,这给我们留下了深刻教训。现在需要把个体伦理问题提上伦理学研究和道德建设的实践日程。既要在理论上作出回答,也要探索如何针对不同人群所面临的不同问题切实有效地开展个体伦理宣传教育的有效途径。尤其需要研究如何从伦理观念上引导人们以正确的态度对待生命,对待生存压力,对待生老病死等个人生活问题和个人的命运问题,以科学的世界观、价值观、人生观,以高尚的思想道德观念去填补"真空"。

二、转型社会呼唤伦理道德的理性培养

社会转型是人类发展和进步的必然趋势。就中国而言,当前正处在 20 世纪以来一次最为深刻的社会转型期,这种社会转型突出表现在经济体制、社会组织结构形式以及社会生活方式等方面。这一深刻的社会转型赋予了人们更为广泛的社会道德价值选择空间,给予人们的道德行为选择以前所未有的意志自由。这样,就必然会更加突出道德自律的地位,大大提高个体道德自律的内在要求。而要实现道德自律,就离不开个体的道

德理性精神的培养。

第一，我国经济体制由"计划经济"向"市场经济"的转型，使得社会外在规范对经济行为主体的约束力大大减弱。

在计划经济体制下，社会生活的井然有序和道德的规范是在政治权力的高度参与下，道德与政治原则、政治手段合二为一作用于经济生活和社会生活的结果，而并非主要实现于个体道德自律。随着经济体制由计划向市场的转型，原有的伦理道德与政治手段的整合机制发生了松动，伦理道德对社会政治的依附作用被削弱了。因此，伦理道德本身必然要经历一个由"依附"走向"独立"的阵痛过程。这实质上是伦理道德独立发挥其社会功能、达到自律的过程。

现代市场经济中，市场的社会化和法制化，要求自主化的经济行为主体在道德方面自尊、自觉和自律。道德自律是市场经济本身的内在要求。同时，以公有制为主体、多种所有制经济成分、多种分配方式并存的局面已经形成，体制外经济力量不断增大。这些便导致了人们之间经常的协作行为的减少，彼此之间的面对面的监督也减少。而且这一变化导致人们之间利益的重新调整，出现了利益的多元化倾向，人们之间利益的相对独立性和自主性增强。另外，随着我国国有企业改革的深入，出现了企业破产、倒闭，工人失业、下岗等，使得他们由原来的"单位人"变成了"社会人"，在一定程度上脱离了原单位的控制。这种突然"放松"和失去原有单位的"他律"的状态使他们一时难以适应。这样，社会他律性的规范对人们市场经济行为的约束相对弱化，对个体经济行为的规范，在很大程度上依赖于个体道德理性的自觉。

第二，我国社会组织结构由"单一性"向"多样化"的转型以及社会流动的加快，使得社会他律性规范对社会成员的控制力大大弱化。

随着改革开放的深入发展，社会结构发生了根本变化。同时，社会组织形式也多样化，各种社团组织的发展相当迅速。这些社团组织之间相对独立性很大，对成员的规范管理不够，社会成员所受外在约束减弱。每周 5 天工作制的实行，人们闲暇时间大大增加。8 小时之外，人们外出度假、聚会、健身、听音乐、泡吧。据不完全统计，1997 年与 1981 年相比，中国国内旅游人数达 6.44 亿人，因私出入境人数达到近 500 万人。这是人们生活质量提高的重要标志。然而，这使得人们经常处于社会他律性控制的"盲区"。另外，随着社会转型所导致的社会流动加快，传统的伦理道德和社会舆论已不再对社会成员构成强有力的约束力量；社会分化的加速度，社会异质性的增加，使追求同一性和超稳定性的传统社会控制机制失去了基础，社会外在规范对它们的控制力大大减弱。在外在约束弱化的情况下，社会秩序的形成主要依靠社会成员道德理性精神的培养与提高。

第三，社会思想意识领域由"简单"向"复杂"的转型，引起了各种思想道德观念、社会思潮的矛盾与冲突，导致了主流社会思想意识对人们的影响力大为缩减。

改革开放以前，社会意识形态领域基本上是"大一统"的单一倾向。20 世纪 80 年代以来，各种社会思潮交织在一起，导致了人们的世界观、人生观、价值观的深刻变化。思想道德领域，各式各样的非道德主义思潮泛滥，人们的传统道德约束相对松弛。文化领域，不仅有中西文化的冲突与交融，而且还有主流文化与非主流文化、精英文化与大众文化、高雅文化与通俗文化的冲突与交融。这样，原有的主流社会思潮和社会意识形态对人们的控制力萎缩。面对多种价值观念相互交织、碰撞，令人眼花缭乱，无所适从的复杂状况，要把握自己的生活航向，尤其需要社会成员培养和提高自身的道德理性选择能力。

第四，随着信息技术的发展，社会生活方式由"熟人社会"向以信息化、数字化和网络化为特点的"网络社会"的转型，导致了传统社会规范的约束作用在"网络社会"中某种程度的"失灵"。现代计算机信息网络技术，赋予个人和过去相比不可想象的巨大力量，享有以往不可想象的自由，专业技术人员或"网民"个人行为的善恶是非，相当程度上取决于个人的道德理性抉择。信息技术越是发展，越是要求人的"道德理性自律"与之相平衡。可以说，网络社会离不开道德关怀，网络社会呼唤个体的道德理性精神。只有当每一个个体都自觉承担起维护网络社会健康发展的责任时，网络社会的可持续发展才有希望。

一方面，"网络社会"形成了一个相对自由的"自由时空"，人们的活动受时空的约束大大缩小，类似于传统"熟人社会"中道德他律的种种"外力"在"网络社会"中却在相当程度上失去了作用。加上目前的"网络社会"的规范还相当不健全，决定了更加需要网络公民的自觉、自律的道德理性选择。另一方面，与现实社会相比，"网络社会"呈现出一种更多自主性的特点。所以，人们必须自觉订立网络社会规范。由于网络社会规范是人们根据自己的利益和需要制定的，因此增强了人们遵守这些规范的自觉性。此外，网络环境与规范监督机制的新特点（更少人干预、过问、管理和控制），也要求人们的网络行为具有较高的道德理性。随着社会的转型，社会的他律性的规范对人们的约束是最低限度的，人们在社会生活的各个领域的自由度和自主性越来越大，这就大大提高了个体道德自律的要求。在社会转型期，要形成良好的社会秩序，最终还是要依赖于个体的道德理性精神的培养与提高。而且在现代社会中，道德本身的作用范围也是十分有限的。道德的主要功能不是约束人们的行为，而是劝导人们怎样生活更好，怎样生活最好。这种劝导可以指导人们，但不能约束人们。在这种情况下，指望道德来约束法律之外的广大生活领域也是靠不住的，必须诉诸人们的道德自律。

三、培育个体伦理操守实践道德规范

社会转型期利用舆论的手段、法制的手段、行政性的手段来维护现代社会生活所必需的各种行为规范，使人们养成新的适应于现代化的生活方式和行为习惯是十分必要的。这在近年来的道德实践中已为大家所共识。但是，强化舆论宣传，使用法律和行政的手段都属于外在的制裁力，要真正解决问题，还必须形成内在的制裁力。道德行为的一个重要特点就在于它必须出自内心的自觉和自愿，而个体道德理性的培养就是形成内在制裁力的重要途径。

从理论上看，道德和认识联系在一起。没有正确的认识，就难以在复杂的价值观的冲突中找到正确的方向，也难以理解适合于现代化的行为方式和行为规范的意义，从而自觉地审查自己的行为，自觉主动地去改变不适应现代社会的行为方式。此外，人们的社会生活是极其复杂的，要把价值观念和行为规范真正地付诸实践，必须在具体的道德情境中作出理性的选择。而且个体在面临各种道德两难境地中进行选择的时候，既然需要行为者有深厚的道德情感和高尚的道德情操，也需要他们运用理性思维进行必要的伦理推理。无论是获得正确的道德认识还是在具体的情境中作出正确的抉择，都需要个体具有道德理性精神，敢于和善于运用自己的理性思维，进行独立的思考。

这一点在现代化过程中显得尤为突出。传统社会的伦理主要是一种德性伦理，也就是说主要依据社会共同体给个人所规

定的社会角色及其对不同角色的道德要求来行事的，主要借助于传统的继承来获得应有的德性。而现代社会由于个体的觉醒、个人自主意识的增强以及共同体对个人的约束力的减弱，其伦理主要是一种规则伦理，即社会伦理主要体现为一些道德规则，而如何运用这些规则，有赖于行为者自己运用这些规则来进行推理，作出道德的抉择。自从我国向社会主义市场经济转变以来，人们的自主精神有了很大的提高，加之职业生活和其他的社会生活中个人的选择机会日益扩大，人们对自主地作出抉择的愿望也大大增强。因此，如何使人们能够以理性的精神作出正确的抉择，是社会转型期需要解决的一个问题。中国长期的封建社会给人们思想上带来的一个沉重包袱，是理性精神的缺乏。它在现实生活中的表现，是两个极端：一是盲目地崇拜权威，易于盲从；二是"跟着感觉走"，随波逐流。在当前贯彻实施《公民道德建设纲要》，实践公民道德建设的过程中，更离不开道德自律和个体道德理性精神的培养。《公民道德建设纲要》指出：要广泛进行道德教育，普及道德知识和道德规范，帮助人们加强道德修养。……逐步完善道德教育与社会管理、自律与他律相互补充和促进的运行机制，综合运用教育、法律、行政、舆论等手段，更有效地引导人们的思想，规范人们的行为。

第二节　律师职业道德概况

根据2004年3月20日第五届中华全国律师协会第九次常务理事会通过的《律师执业行为规范》，律师的职业道德包括基本准则和执业职责。

一、基本准则

基本准则是律师职业道德的核心，它规定了律师作为职业群体必须坚持的职业理念、职业精神、职业修养等律师在执业活动中应遵循的基本道德规范，对律师所有行为都产生约束作用，主要有 8 项内容：

1. 律师必须忠于宪法、法律。社会主义的律师制度和律师的社会主义法律工作者的本质属性，必然要求律师坚持社会主义法制，律师的一切执业活动都必须在国家法律范围内进行。律师必须维护宪法权威，维护国家利益，维护人民利益，维护社会主义法制，做到对国家负责、对人民负责、对宪法和法律负责。

2. 律师必须诚实守信，勤勉尽责，依照事实和法律，维护委托人利益，维护法律尊严，维护社会公平、正义。诚实守信是律师职业活动的最基本要求，律师的工作性质与内容要求律师应该是全社会诚信要求最高的行业之一。律师应本着公平、真诚与恪守信用的精神，为当事人提供优质的法律服务，并贯穿于法律服务的全过程。勤勉尽责是律师应有的工作精神和态度。律师必须代表委托人的利益，全力处理所委托的法律事务，采取一切合法的手段维护委托人的利益，勇于为维护委托人的合法权益而斗争。律师履行职务时，必须尊重客观事实，使自己的全部意见和材料都建立在充分可靠的客观证据基础之上，全部职业活动都依照法律规定来进行。只有这样才能正确适用法律，才能维护法律的实施，才能维护社会的公平与正义，这是律师的神圣职责。

3. 律师应当注重职业修养，珍视和维护律师职业声誉，以法律法规以及社会公认的道德规范约束自己的业内外言行，以影响、加强公众对于法律权威的信服与遵守。律师的职业修养是律师职业道德的深层次体现。律师应尊重自己的职业，时刻注意维护自己的职业形象和声誉，做到讲公德、明廉耻、品行高尚，像珍惜自己眼珠一样珍惜职业声誉，既要遵守职业道德，也要遵守社会公德和家庭美德，做到职务内外行为一致，精神面貌与行为修养统一，切实加强品格陶冶和道德修养，提升社会公信力，树立律师良好形象，带动全社会法制观念的提高和对法律的严格遵守。

4. 律师必须保守国家机密、委托人的商业秘密及个人隐私。律师对在执行职务过程中了解到的国家秘密、商业秘密、技术秘密、个人隐私和其他秘密负有保密义务，未经委托人许可，不得以任何方式和理由泄露。在一定条件下，律师仍有对保密事项拒绝作证的权利与义务。

5. 律师应当努力钻研业务，不断提高执业水平。律师是运用自己的知识和技能为社会提供法律服务的专门人才，为了适应法律服务的需要，必须不断学习，更新知识，除具有扎实的法学功底外，还必须了解和掌握有关科学知识，具备科学的思维方式，提高应变能力，为社会提供优质高效的法律服务。

6. 律师必须尊重同行，公平竞争，同业互助。律师工作的根本目标是一致的，尊重同行是同业互助的基础和前提。律师之间应建立一种互相理解、互相尊重、互相帮助的良好关系，律师之间的竞争要在遵守诚信的原则下，公开、平等的进行，坚决反对不正当竞争。

7. 律师应当关注、积极参加社会公益事业。律师参加各类社会公益事业，是服务和奉献于社会、具有崇高社会责任感的直接体现。律师要积极参加社会公益事业，自觉履行所担负的社会责任和义务。

8. 律师必须遵守律师协会章程，履行会员义务。律师协会章程是律师行业自律的"根本大法"，律师和律师事务所作为律师协会的个人和团体会员，都应自觉遵守律师协会章程，切实履行章程规定的各项会员义务。

二、律师职业道德的概念

道德是人们关于善与恶、正义与非正义、光荣与耻辱、公正与偏私等观念、原则和规范的总称。职业道德作为道德的组成部分是指被普遍认可的从事一种职业的人应该遵守的道德规范。

律师的职业道德是指从事律师职业的人应当遵守的道德规范。对这一概念的理解，应当从以下几个方面入手：

1. 律师职业道德产生、形成、发展于律师的职业活动。任何行业的职业道德都是在其特定职业实践的基础上形成及演进的，律师的职业道德也不例外。律师的职业道德，正是在律师业的职业实践中逐渐形成并发展起来的。它充分反映律师职业的本质特点，是对律师长期的职业活动中形成的各种工作纪律、职业操守、习惯规则的凝集。律师的职业道德是律师群体为了自身的生存与发展而自发形成的，反映律师群体的精神，是律师自我约束机制的组成部分。

2. 律师职业道德的约束对象是律师。一般性的道德规范约束所有的社会成员，而职业道德只约束特定的职业者。律师的职业道德仅以律师为约束对象，即律师是职业道德关系中的义务主体，受此特定的道德规范的约束，律师之外的其他人不受此道德规范的制约。但是，律师的职业道德水准的高低，会对与律师发生业务关系的当事人产生重要影响。律师严格遵守职业道德，会很好地维护委托人的利益，实现委托人利益实现的最大化。相反，如果律师不能以职业道德约束自己，不但不能实现委托人利益的最大化，还可能损害委任人利益。

3. 律师职业道德的约束范围，不限于律师的执业活动，对律师的非执业行为也具有同样的约束力。律师与委托人的关系是建立在信任的基础上的，律师业能够在社会中存在和发展与律师业的声誉和信誉密不可分。而影响律师业的声誉和信誉的，不限于律师的执业活动。律师的一般社会活动，也会对律师的声誉和信誉产生重要影响，如律师赌博、经常出入娱乐性场所、日常言行不文明等，都会不同程度地破坏律师形象。因此，律师在一切社会活动中都应当遵守职业道德的要求。

三、律师职业道德的特征

律师职业道德与其他职业道德具有共性，但同时，由于律师职业与其他职业在本质及工作内容上存在差别，也使律师的职业道德具有自身的特征，概括而言，包括以下的几个方面：

1. 律师的职业道德与国家的立法规定相一致。律师制度作为国家法律制度的组成部分，受到国家政治、经济、价值观念等因素的制约。律师的法律地位、法律性质、职能和作用的功能制约律师职业道德的性质和内容。例如，律师承担为当事人保密的义务，但此保密义务的范围受到国家法律规定制约。

2. 律师的职业道德与国家的法律文化相契合。国家的法律文化、法律习俗对律师的职业道德的形成和确定具有重要的影响，特别是对律师的职业素质、职业习惯、职业心理等会有较大的影响。

3. 律师的职业道德具有外在的保障执行机制。律师的职业道德不同于主要通过人们的内在信念和社会舆论的谴责来保证其遵守一般的道德，而是有外在的惩戒机制。对于一般违反律师职业道德的律师，律师协会将依照会员处分办法给予处分，情节严重，由司法行政机关予以处罚。

四、律师职业道德的作用

职业道德是社会道德体系的重要组成部分，它一方面具有社会道德的一般作用，另一方面它又具有自身的特殊作用，具体表现在：

1. 有助于提高律师的思想素质。律师履行自己的职责，必须具备多种素质，如政治思想、道德品质、法律知识、专业技能等，这些思想素质与业务素质必不可缺。思想素质是律师的必备素质之一，大力加强律师的职业道德建设，有助于律师自我约束，为社会提供优质的法律服务，切实维护委托人的合法权益。

2. 有助于维护和提高律师业的行业信誉。律师行业的信誉，也就是它们的形象、信用和声誉，反映该行业在社会公众中的被信任的程度，提高律师业的信誉主要靠律师向社会提供优质的法律服务。若律师职业道德水平不高，很难向社会提供优质的法律服务，从而影响律师业的整体信誉。

3. 有助于促进律师业的健康发展。中国律师业在历史上之所以没有达到西方国家的发达程度，其中原因既有统治者的统治政策的原因，也有律师业自身的原因，那就是律师不能坚守自己的职业道德，不能得到民众的普遍认可，从而丧失生存与发展的空间。因此，律师的职业道德对于律师业的健康发展至关重要。

第三节　律师职业道德的内容

一、外国律师职业道德的主要内容

虽然各国在文化传统、社会制度等方面的差异导致各国的律师职业道德内容存在一定的差别，但其共性一般包括以下几个方面：

1. 忠实勤勉地为当事人服务，不得任意拒绝，中止代理。

2. 为当事人保密，即保守因其职务所得知的当事人的秘密。

3. 不得实施与委托人利益相冲突的行为。

4. 从业清廉，不贪贿赂，不得收取额外酬金，不得私自收案收费。

5. 不得与法官、检察官等司法人员进行非正常的接触。

6. 不得以广告招揽客户或进行不当的自我宣传。

7. 不得兼职从事营利性工作。

二、我国律师职业道德的内容

2004 年 3 月 20 日第五届全国律协第九次常务理事会审议通过了《中华全国律师协会律师执业行为规范》，此规范于 2009 年 12 月 27 日七届二次理事会进行了修订，根据修订后的规范的规定，我国律师职业道德的基本内容及含义如下：

1. 律师应当忠于宪法、法律，恪守律师职业道德和执业纪律。律师的一切执业活动都必须在国家法律范围内进行，律师必须维护宪法和法律的权威，维护国家利益，维护人民利益，做到对国家负责，对委托人负责。离开了宪法和法律，律师的执业就会偏离正确的方向和轨道，损害国家利益、公共利益及委托人的合法权益。

2. 律师必须诚实守信，勤勉尽责，依照事实和法律，维护当事人的合法权益，维护法律正确实施，维护社会公平、正义。诚实守信是律师职业活动的最基本要求，律师的工作性质与内容要求律师应该是全社会诚信要求最高的行业之一。律师应本着公平、真诚与恪守信用的精神，为当事人提供优质的法律服务，并贯穿于法律服务的全过程。勤勉尽责是律师应有的工作精神和态度。律师必须代表委托人的利益，全力处理所委托的法律事务，采取一切合法的手段维护委托人的利益，勇于为维护委托人的合法权益而斗争。律师履行职务时，必须尊重客观事实，使自己的全部意见和材料都建立在充分可靠的客观证据基础之上，全部职业活动都依照法律规定来进行。只有这样才能正确适用法律，才能维护法律的实施，才能维护社会的公平与正义，这是律师的神圣职责。

3. 律师应当注重职业修养，自觉维护律师职业声誉。律师个人的工作不仅代表了律师个人或者其所在的律师事务所，而且代表了整个法律制度的形象和威信。律师的职业修养是律师职业道德的深层次体现。律师应尊重自己的职业，时刻注意维护自己的职业形象和声誉，做到讲公德、明廉耻、品行高尚，珍惜自己的职业声誉提升社会公信力，树立律师良好形象，带动全社会法制观念的提高和对法律的严格遵守。

4. 律师应当保守在执业活动中知悉的国家机密、商业秘密、不得泄露当事人的隐私。国家秘密涉及国家特别重大的问题，必须予以保密。委托人的商业秘密及个人的隐私涉及当事人的根本利益，律师在执业活动中知悉的这些秘密事项，无论来源如何，不得以任何理由向任何人泄露。但对立法规定的当事人的特定的犯罪事实，律师不能为其保密。律师与当事人的信赖关系是律师执业的基础，在执业过程中律师能否为委托人保守商业秘密及个人隐私，不仅关系到律师执业的诚信和修养问题，而且也关系到律师业的健康发展。

5. 律师应当尊重同行，公平竞争，同业互助。律师在执业过程中，竞争不可避免，律师之间的竞争要在遵守诚信的原则下，公开、平等的进行，坚决反对不正当竞争。律师工作的根本目标是一致的，尊重同行是同业互助的基础和前提。律师之间应建立一种互相理解、互相尊重、互相帮助的良好关系。律师之间不能搞恶性竞争、互相拆台，否则会严重败坏律师业的形象，最终也损害律师行为和律师个人的利益。

6. 律师应当关注、支持、积极参加社会公益事业。律师作为社会成员，应当为社会贡献自己的力量，律师关注、支持、参加公益活动，是服务和奉献于社会、具有崇高社会责任感的直接体现。律师要积极参加社会公益事业，自觉履行所担负的社会责任和义务是律师履行社会职责的要求，也是树立律师形象的要求，是律师执业获得社会公众支持的重要条件。

第四节　律师职业道德的培养

一、律师职业道德教育

1. 注重科学知识、科学方法的普及和科学思想、科学精神的弘扬。就伦理道德建设的实践而言，把价值规范和行为准则的制定与宣传，同律师职业道德伦理、道德选择能力的培养结合起来是重要的一环。长期以来，我们的伦理学教育，包括学校教育和社会教育，往往局限于灌输有关价值方针的知识以及应当遵循的行为准则，大量的是应当如何如何。至于如何在复杂的情境中独立地运用自己的理性作出正确的抉择，就往往沦为无力的说教。虽然由于价值观问题的复杂性我们不能奢望通过伦理学的学习，一蹴而就地解决人们的价值观问题。但是伦理学在帮助人们学得理性的方法、养成进行伦理理性推理的习惯方面却可以发挥其独特的作用。而且我国传统文化偏重人文关怀，缺乏科学分析。在科学教育和普及中，有忽视科学思想、科学方法和科学精神的教育和普及的现象。然而科学的精神力量是不可忽视的。布鲁诺曾十分精辟地指出，打开理性的眼睛的，归根到底是内在的教师，因为我们思想上的财富并不是从外部，而是从内部，从自身的精神得到。因此，有必要在继续重视科学的物质力量的同时，更加重视科学的精神力量，充分发挥科学在律师职业道德建设中的作用。

2. 在律师职业道德典范的宣扬中辅之以律师个体道德理精神的培养。律师职业道德典范的宣扬，无疑是开展律师职业道德建设，改善社会司法风气的一个有效的方法。但是，只有辅之以律师个人的道德理性精神的培养，养成在具体情境中运用自己的理性，善于分析所处的情景、所遇到的道德上的两难境地，善于分清价值观上的是非曲直，理解可能的行为后果，才能真正提高人们的道德水平。

3. 加强社会伦理的制度化、规范化建设。在重视道德个体的自律的同时，也离不开法律、制度等外在性的行业自律。只有把律师职业道德与法律相结合，自律与他律相结合，才能最终实现社会主义道德建设的根本目标，实现以德治国和依法治国相结合的治国方略。

二、律师职业道德评价

律师职业道德评价，是指律师自身、律师同行、委托人、司法机关、社会公众等，根据律师职业道德的要求，通过舆论、个人心理活动等方式，对律师在职业活动中的行为进行评判，并表明褒贬态度。律师职业道德评价是律师道德活动现象的组成部分，它有助于促成律师个人良好的职业道德品质的形成和律师业职业道德风尚的改善。律师职业道德评价主要包括自我评价、委托人及司法机关的评价、同行评价、社会评价。

自我评价，是律师对自己的职业行为所作的一种评判，是律师对自己职业道德水准的自我衡量。在自我评价中，评价主体与评价客体同一，它的成效在很大程度上取决于律师个人的道德素质。自我评价的目的是为了使律师不断自省，从而不断提高自己的道德品质。律师进行自我评价时，应当尽量避免情感、利益等因素的影响，站在公众的立场上，对自己的职业行为进行客观评价。

委托人及司法机关的评价，是委托人对自己委托的律师、司法机关对从业律师的职业行为所作的一种评判。委托人与其所委托的律师存在直接的业务往来、律师履行职业的情况、律师的职业道德水平，委托人会有切实的体会，会给予客观的评价。司法机关也与律师有直接的业务往来，他们的职业活动相互作用，相互影响，通过与律师的业务交往，司法机关工作人员会以法律职业者的视角，对律师的职业道德作出较为客观的评价。

同行评价，是律师相互之间的评价。律师同行熟知律师执业道德准则，因此，他们彼此的评价能够以行业准则为基础，较为准确和公正，也更有说服力。在律师之间开展职业道德评价，在一定程度上有助于促使广大律师共同提高职业道德素质。

社会评价，包括新闻媒体及社会其他成员对律师的评价。他们一般是通过间接的了解，对律师的服务态度、道德作风、办案质量作出评价。新闻媒体及社会公众的监督，有助于提高律师遵守职业道德的自觉性。

第八章

律师执业纪律

第一节 律师执业纪律概述

一、律师执业纪律的概念及特征

纪律原本是指机关、团体、企事业单位和行业制订的要求其工作人员或成员共同遵守的内部规则。律师执业纪律，是指律师在执业过程中所应遵守的行为准则。

律师执业纪律是约束律师执业行为的重要准则，它体现了对律师执业行为的基本规范，具有以下特征：

1. 律师执业纪律的强制性。律师执业纪律不仅以律师最高行业自律组织——中华全国律师协会制定的行业规则形式出现，还以最高律师行政管理部门——国家司法部制定的行业规章形式出现。

2. 律师执业纪律的规范性。律师执业纪律一般规定的明确具体，具有很强的操作性，是律师执业时必须遵守的法定义务。

3. 律师执业纪律的严惩性。任何律师如有违反律师执业纪律的行为，不仅会受到律师协会实施的律师惩戒，还可能被追究行政、民事或刑事责任。

4. 律师执业纪律的独特性。律师执业纪律约束的是与律师执业行为有关的活动，律师的其他活动不受其约束。

二、律师职业道德与律师执业纪律的关系

律师职业道德与律师执业纪律同属于律师从事业务活动的行为规范，二者既有联系又有区别。律师职业道德相对而言较为抽象、概括，是确立律师执业纪律的依据。律师执业纪律较为具体、明确，是实现律师职业道德的具体手段，是律师职业道德被系统总结成若干戒律后形成的具体行为规则，是律师职业道德的具体化。律师在执业活动中如果违反了执业纪律，就会受到相应的制裁。二者相互渗透融合，相辅相成，共同对律师执业活动进行约束和指导，从而促使律师严格履行职责，维护律师业的社会声誉、保障律师业的健康发展。

第二节　律师执业纪律的内容

根据《律师执业行为规范》与最高人民法院、司法部于2004年3月19日联合发布的《关于规范法官和律师相互关系维护司法公正的若干规定》，律师执业纪律的内容可以分为以下几个方面：

一、律师在执业机构中应当遵守的执业纪律

1. 律师只能在一个律师事务所执业。律师不得在受到停止执业处罚期间继续执业，或者在律师事务所被停业整顿、注销后继续以原所名义执业。

2. 律师在执业期间不得以非律师身份从事法律服务。

3. 律师不得私自接受委托承办法律事务，不得私自向委托人收取费用、额外报酬、财物或可能产生的其他利益。

4. 律师不得违反律师事务所收费制度和财务纪律，挪用、私分、侵占业务收费。

5. 律师因执业过错给律师事务所造成损失的，应当承担相应责任。

6. 律师事务所是律师的执业机构，律师的执业活动必须接受律师事务所的监督和管理。

7. 律师与委托人发生纠纷时，律师应当接受律师事务所的解决方案。

8. 律师在承办受托法律事务时，对出现的不可克服的困难和风险应当及时向律师事务所报告。

9. 律师变更执业机构的，应当按规定办理转所手续。转所后的律师，不得损害原所属律师事务所的利益，应当信守对其作出的保守商业秘密的承诺；不得为原所属律师事务所正在提供法律服务的委托人提供法律服务。

二、律师与委托人、对方当事人应当遵守的执业纪律

1. 律师应当与委托人就委托事项范围、内容、权限、费用、期限等进行协商，经协商达成一致后，由律师事务所与委托人签署委托协议。

2. 律师与所任职的律师事务所有权根据法律规定，公平正义及律师执业道德标准，选择实现委托人或者当事人目的的方案。

3. 律师应当充分运用自己的专业知识，依照法律和委托协议完成委托事项，维护委托人或者当事人的合法权益。

4. 律师应当严格按照法律规定的期间、时效以及与委托人

约定的时间办理委托事项。对委托人了解委托事项办理情况的要求，应当及时给予答复。

5. 律师接受委托后，应当在委托人委托的权限内开展执业活动，不得超越委托权限。

6. 律师接受委托后，无正当理由不得拒绝辩护或者代理，或以其他方式终止委托。委托事项违法、委托人利用律师提供的服务从事违法活动或者委托人故意隐瞒与案件有关的重要事实的，律师有权告知委托人并要求其整改，有权拒绝辩护或者代理，或以其他方式终止委托，并有权就已经履行事务取得律师费。

7. 律师应谨慎保管委托人或当事人提供的证据原件、原物、音像资料底版以及其他材料。

8. 律师在承办受托提供的事实和证据，依据法律规定进行分析，向委托人提出分析性意见。

9. 律师和律师事务所不得利用提供法律服务的便利，牟取当事人争议的权益。

10. 律师和律师事务所不得违法与委托人就争议的权益产生经济上的联系，不得与委托人约定将争议标的物出售给自己；不得委托他人为自己或为自己的近亲属收购、租赁委托人与他人发生争议的标的物。

11. 律师事务所应当建立利益冲突审查制度。律师事务所在接受委托之前，应当进行利益冲突审查并作出是否接受委托的决定。

12. 办理委托事务的律师与委托人之间存在利害关系或利益冲突的，不得承办该业务并应当主动提出回避。

13. 有下列情形之一的，律师及律师事务所不得与当事人建立或维持委托关系：①律师在同一案件中为双方当事人担任代理人，或代理与本人或者其近亲属有利益冲突的法律事务的；②律师办理诉讼或者非诉讼业务，其近亲属是对方当事人的法定代表人或者代理人的；③曾经亲自处理或者审理过某一事项或者案件的行政机关工作人员、审判人员、检察人员、仲裁员，成为律师后又办理该事项或者案件的；④同一律师事务所的不同律师同时担任同一刑事案件的被害人的代理人和犯罪嫌疑人、被告人的辩护人，但在该县区域内只有一家律师事务所且事先征得当事人同意的除外；⑤在民事诉讼、行政诉讼、仲裁案件中，同一律师事务所的不同律师同时担任争议双方当事人的代理人的，或者本所或其工作人员为一方当事人，本所其他律师担任对方当事人的代理人的；⑥在非诉讼业务中，除各方当事人共同委托外，同一律师事务所的律师同时担任彼此有利害关系的各方当事人的代理人的；⑦在委托关系终止后，同一律师事务所或同一律师在同一案件后续审理或者处理中又接受对方当事人委托的；⑧其他情形相似，且依据律师执业经验和行业常识能够判断为应当主动回避且不得办理的利益冲突情形。

14. 有下列情形之一的，律师应当告知委托人并主动提出回避，但委托人同意其代理或者继续承办的除外：①接受民事诉讼、仲裁案件一方当事人的委托，而同所的其他律师是该案件中对方当事人的近亲属的；②担任刑事案件犯罪嫌疑人、被告人的辩护人，而同所的其他律师是该案件被害人的近亲属的；③同一律师事务所接受正在代理的诉讼案件或者非诉讼业务当事人的对方当事人所委托的其他法律业务的；④律师事务所与委托人存在法律服务关系，在某一诉讼或仲裁案件中该委托人未要求该律师事务所律师担任其代理人，而该律师事务所律师担任该委托人对方当事人的代理人的；⑤在委托关系终止后一年内，律师又就同一法律事务接受与原委托人有利害关系的对方当事人的委托的；⑥其他与前五项情况相似，且依据律师执业经验和行业常识能够判断的其他情形。律师和律师事务所发现存在上述情形的，应当告知委托人利益冲突的事实和可能产生的后果，由委托人决定是否建立或维持委托关系。委托人决定建立或维持委托关系的，应当签署知情同意书，表明当事人已经知悉存在利益冲突的基本事实和可能产生的法律后果，以及当事人明确同意与律师事务所及律师建立或维持委托关系。

15. 委托人知情并签署各情同意书以示豁免的，承办律师在办理案件的过程中应对各自委托人的案件信息予以保密，不得将与案件有关的信息披露给相对人的承办律师。

16. 未经委托人的同意，律师事务所不得将委托的法律事务转委托其他律师事务所办理。但在紧急情况下，为维护委托人的利益可以转委托，但应当及时告知委托人。非经委托人同意，不得因转委托而增加委托人的费用支出。

17. 律师事务所可以与委托人签订书面保管协议，妥善保管委托人财产，严格履行保管协议。律师事务所受委托保管委托人财产时，应当将委托人财产与律师事务所的财产，律师个人财产严格分离。

18. 有下列情形之一的，律师事务所应当终止委托关系：①委托人提出终止委托协议的；②律师受到吊销执业证书或者停止执业处罚的，经过协商，委托人不同意更换律师的；③当发现有《律师执业行为规范》第50条规定的利益冲突情形的；④受委托律师因健康状态不适合继续履行委托协议的，经过协商，委托人不同意更换律师的；⑤继续履行委托协议违反法律、法规、规章或者《律师执业行为规范》的。

19. 有下列情形之一的，经提示委托人不纠正的，律师事务所可以解除委托协议：①委托人利用律师提供的法律服务从事违法犯罪活动的；②委托人要求律师完成无法实现或者不合理的目标的；③委托人没有履行委托合同义务的；④在事先无法预见的前提下，律师向委托人提供法律服务将会给律师带来不合理的费用负担，或给律师造成难以承受的、不合理的困难的；⑤其他合法的理由的。

20. 律师事务所与委托人解除委托关系后，应当退还当事人提供的资料原件、物证原物、视听资料底版等证据，并可以保留复印件存档。

三、律师在诉讼仲裁中应当遵守的纪律

1. 律师应当依法调查取证。

2. 律师不得向司法机关或者仲裁机构提交明知是虚假的证据。

3. 律师作为证人出庭作证的，不得再接受委托担任该案的辩护人或者代理人出庭。

4. 律师应当遵守法庭、仲裁庭纪律，遵守出庭时间、举证时限、提交法律文书期限及其他程序性规定。

5. 在开庭审理过程中，律师应当尊重法庭、仲裁庭。

6. 律师在执业过程中，因对事实真假、证据真伪及法律适用是否正确而与诉讼相对方意见不一致的，或者为了向案件承办人提交新证据的，与案件承办人接触和交换意见应当在司法机关内指定场所。

7. 律师在办案过程中，不得与所承办案件有关的司法、仲裁人员私下接触。

8. 律师不得贿赂司法机关和仲裁机构人员，不得以许诺回报或者提供其他利益（包括物质利益和非物质形态的利益）等方式，与承办案件的司法、仲裁人员进行交易。律师不得介绍

贿赂或者指使、诱导当事人行贿。

9. 律师不得以各种非法手段打听案情，不得违法误导当事人的诉讼行为。

10. 律师在代理案件之前及其代理过程中，不得向当事人宣称自己与受理案件法院的法官具有亲朋、同学、师生、曾经同事等关系，并不得利用这种关系或者以法律禁止的其他形式干涉或者影响案件的审判。

11. 律师担任辩护人、代理人参加法庭、仲裁庭审理，应当按照规定穿着律师出庭服装，佩戴律师出庭徽章，注重律师职业形象。律师在法庭或仲裁庭发言时应当举止庄重、大方，用词文明、得体。

四、律师与同行之间应当遵守的纪律

1. 律师与其他律师之间应当相互帮助、相互尊重。

2. 在庭审或者谈判过程中各方律师应当互相尊重，不得使用挖苦、讽刺或者侮辱性的语言。

3. 律师或律师事务所不得在公众场合及媒体上发表恶意贬低、诋毁、损害同行声誉的言论。

4. 律师变更执业机构时应当维护委托人及原律师事务所的利益；律师事务所在接受转入律师时，不得损害原律师事务所的利益。

5. 律师与委托人发生纠纷的，律师事务所的解决方案应当充分尊重律师本人的意见，律师应当服从律师事务所解决纠纷的决议。

6. 律师和律师事务所不得采用不正当手段进行业务竞争，损害其他律师及律师事务所的声誉或者其他合法权益。

7. 有下列情形之一的，属于律师执业不正当竞争行为：①诋

毁、诽谤其他律师或者律师事务所信誉、声誉；②无正当理由，以低于同地区同行业收费标准为条件争揽业务，或者采用承诺给予客户、中介人、推荐人回扣、馈赠金钱、财物或者其他利益等方式争揽业务；③故意在委托人与其代理律师之间制造纠纷；④向委托人明示或者暗示自己或者其属的律师事务所与司法机关、政府机关、社会团体及其工作人员具有特殊关系；⑤就法律服务结果或者诉讼结果作出虚假承诺；⑥明示或者暗示可以帮助委托人达到不正当目的，或者以不正当的方式、手段达到委托人的目的。

8. 律师和律师事务所在与行政机关、行业管理部门以及企业的接触中，不得采用下列不正当手段与同行进行业务竞争：①通过与某机关、某部门、某行业对某一类的法律服务事务进行垄断的方式争揽业务；②限定委托人接受其指定的律师或者律师事务所提供法律服务，限制其他律师或律师事务所正当的业务竞争。

9. 律师和律师事务所在与司法机关及司法人员接触中，不得采用利用律师兼有的其他身份影响所承办业务正常处理和审理的手段进行业务竞争。

10. 依照有关规定取得从事特定范围法律服务的律师或律师事务所不得采取下列不正当竞争的行为：①限制委托人接受经过法定机构认可的其他律师或律师事务所提供法律服务；②强制委托人接受其提供的或者由其指定的律师提供的法律服务；③对抵制上述行为的委托人拒绝、中断、拖延、削减必要的法律服务或者滥收费用。

11. 律师或律师事务所相互之间不得采用下列手段排挤竞争对手的公平竞争：①串通抬高或者压低收费；②为争揽业务，不正当获取其他律师和律师事务所收费报价或者其他提供法律服务的条件；③泄露收费报价或者其他提供法律服务的条件等暂未公开的信息，损害相关律师事务所的合法权益。

12. 律师和律师事务所不得擅自或者非法使用社会专有名称或者知名度较高的名称以及代表其名称的标志、图形文字、代号以混淆误导委托人。社会特有名称和知名度较高的名称是指：①有关政党、司法机关、行政机关、行业协会名称；②具有较高社会知名度的高等法学院校或者科研机构的名称；③为社会公众共知、具有较高知名度的非律师公众人物名称；④知名律师以及律师事务所名称。

13. 律师和律师事务所不得伪造或者冒用法律服务荣誉称号。使用已获得的律师或者律师事务所法律服务荣誉称号的，应当注明获得时间和期限。律师和律师事务所不得变造已获得的荣誉称号用于广告宣传。律师事务所已撤销的，其原取得的荣誉称号不得继续使用。

五、律师在执业推广中应当遵守的纪律

1. 律师和律师事务所为推广业务，可以发布使社会公众了解律师个人和律师事务所法律服务业务信息的广告。

2. 律师发布广告应当遵守国家法律、法规、规章和《律师执业行为规范》。

3. 律师发布广告应当具有可识别性，应当能够使社会公众辨明是律师广告。

4. 律师广告可以以律师个人名义发布，也可以以律师事务所名义发布。以律师个人名义发布的律师广告应当注明律师个人所任职的执业机构名称，应当载明律师执业证号。

5. 具有下列情况之一的，律师和律师事务所不得发布律师广告：①没有通过年度考核的；②处于停止执业或停业整顿处

罚期间的；③受到通报批评、公开谴责未满一年的。

6. 律师个人广告的内容，应当限于律师的姓名、肖像、年龄、性别、学历、学位、专业、律师执业许可日期、所任职律师事务所名称、在所任职律师事务所的执业期限、收费标准、联系方法；依法能够向社会提供的法律服务业务范围；执业业绩。

7. 律师事务所广告的内容应当限于律师事务所名称、住所、电话号码、传真号码、邮政编码、电子信箱、网址；所属律师协会；所内执业律师及依法能够向社会提供的法律服务业务范围简介；执业业绩。

8. 律师和律师事务所不得以有悖律师使命、有损律师形象的方式制作广告，不得采用一般商业广告的艺术夸张手段制作广告。

9. 律师广告中不得出现违反所属律师协会有关律师广告管理规定的内容。

10. 律师和律师事务所不得进行歪曲事实和法律，或者可能使公众对律师产生不合理期望的宣传。

11. 律师和律师事务所可以宣传所从事的某一专业法律服务领域，但不得自我声明或者暗示其被公认或者证明为某一专业领域的权威或专家。

12. 律师和律师事务所不得进行律师之间或者律师事务所之间的比较宣传。

六、律师在与行政管理或行业管理的关系上应当遵守的执业纪律

1. 律师执业必须持有司法行政机关颁发的有效的律师执业证。律师执业证是律师执业的唯一凭证。

2. 律师和律师事务所应当遵守律师协会制定的律师行业规

范和规则。律师和律师事务所享有律师协会章程规定的权利，承担律师协会章程规定的义务。

3. 律师应当参加、完成律师协会组织的律师业务学习及考核。

4. 律师参加国际性律师组织并成为其会员的，以及以中国律师身份参加境外会议等活动的，应当报律师协会备案。

5. 律师和律师事务所因执业行为成为刑、民事被告，或者受到行政机关调查、处罚的，应当向律师协会书面报告。

6. 律师应当积极参加律师协会组织的律师业务研究活动，完成律师协会布置的业务研究任务，参加律师协会组织的公益活动。

7. 律师应当妥善处理律师执业中发生的纠纷，履行经律师协会调解达成的调解协议。

8. 律师应当执行律师协会就律师执业纠纷作出的处理决定。律师应当履行律师协会依照法律、法规、规章及协会章程、规则作出的处分决定。

9. 律师应当按时缴纳会费。

总体而言律师的职业道德和执业纪律状况是好的，是符合党和政府的要求以及人民群众的希望的，是适应社会法律服务需求的。但在部分律师中还存在职业道德低下和违反执业纪律的问题，在一定程度上玷污了律师的职业形象，降低了律师的职业声誉，影响了律师业的发展，对此必须加以解决。要提高加强律师职业道德和执业纪律建设重要性、必要性的认识，增强工作自觉性，加大工作力度，采取有力措施，提高律师职业道德和执业纪律建设工作的管理水平。要加大对律师职业道德和执业纪律的教育，激发律师自觉地按照道德的需要来规范自己的行为，提高律师的自我道德觉悟和修养，把树立职业荣誉感和保持职业责任感紧密结合起来，把履行法律义务和履行道德义务紧密结合起来，把实施执业行为和遵守执业纪律规范紧密结合起来，使遵守职业道德规范和执业纪律变为律师的自觉行动。要做好律师职业道德和执业纪律整顿，对严重违反职业道德和执业纪律的律师，必须及时查处，严惩不贷，坚决纠正行业不正之风，保持律师队伍的纯洁和健康。要建立律师职业道德和执业纪律建设的长效机制，保证律师职业道德和执业纪律建设常抓不懈，切实收到实际效果。

参考文献

1. 陈卫东主编：《中国律师学》，中国人民大学出版社 2000 年版。

2. 程荣斌主编：《中国律师制度原理》，中国人民大学出版社 1998 年版。

3. 陶髦、宋英辉、肖胜喜：《律师制度比较研究》，中国政法大学出版社 1995 年版。

4. 陈宝权、苏醒、庄嘉辉：《中外律师制度比较研究》，法律出版社 2002 年版。

5. 谭世贵主编：《律师法学》，法律出版社 2002 年版。

6. 任继圣主编：《律师制度与律师实务》，法律出版社 1998 年版。

7. 王远明主编：《律师制度与律师实务》，中国财政经济出版社 1998 年版。

8. 杜钢建、李轩主编：《中国律师的当代命运》，改革出版社 1997 年版。

9. 青锋：《中国律师制度论纲》，中国法制出版社 1997 年版。

10. ［法］色何勒－皮埃尔·拉格特，［英］帕特里克·拉登：《西欧国家的律师制度》，吉林人民出版社 2000 年版。

11. 黄京平主编：《律师常见错误》，中国人民大学出版社 1991 年版。

12. 陈宜主编：《律师公证制度与实务》，中国政法大学出版社 2008 年版。